『長宗我部元親と四国』

目次

長宗我部元親
秦神社蔵、高知県立歴史民俗資料館提供

泗川倭城

湯築城

土佐泊城

土佐神社　土佐神社提供

高知城

目　次

若宮八幡宮

黒瀬城

千変万化する元親像

四国の覇者

じつにながきにわたって、土佐の長宗我部《ちょうそかべ》元親《もとちか》は四国統一を達成した戦国大名であると信じられてきた。しかし、一九九〇年代にその達成を否定する学説が提示されており、著者もこれを支持している。ただし、元親が四国を制覇したのはまちがいなく、彼が四国の覇者だったのはゆるぎのない事実である。

本書の主人公である元親は、土佐の後身にあたる高知県では郷土の偉大な先人として人気を博してきた。県民の一部からは、その偉人伝が大河ドラマ化されないことに対する疑問の声さえ聞かれる。いっぽう、長宗我部氏にかわり土佐の支配者となった山内一豊《やまうちかずとよ》*については、いわゆる〝よそ者〟だという思いは今も払拭されていないようである。

この〝よそ者〟だという思いは元親に対しても存在する。阿波・讃岐・伊予の後身にあたる徳島・香川・愛媛の三県では元親はむかし侵攻してきた他国の大名である。同じ四国ではあっても、高知以外では元親は〝よそ者〟にほかならない。じつは、高知県内でさえ、西部の中村(四万十《しまんと》市)を中心とする幡《は》多《た》地域では元親は〝よそ者〟とみられている。それは、この地域を勢力圏としていた公家大名一条氏に対

＊ 山内一豊　一五四五〜一六〇五年。土佐藩の藩祖。実名の一豊は「かつとよ」と読む説もある。関ヶ原合戦の際に東軍に与し、土佐一国を支配する大名となる。

する追慕によるのであろう」。その一条氏を駆逐した元親は〝よそ者〟なのである。このように制覇する側と制覇される側のどちらの視点に立つのかによって、元親像は大きく異なるのである。

では、〝よそ者〟元親は土佐さらには四国をどのように制覇していったのであろうか。元親の覇業を可能にした要件の一つが軍事力であることはまちがいなかろう。ただし、その軍事力に関する従来の理解は修正を迫られている。周知のように、長宗我部氏の兵力の基礎は「農民的武士」の一領《いちりょう》具足《ぐそく》＊であるとされてきた（山本大『長宗我部元親』）。ところが、最近では、制度として一領具足が存在したのかさえ疑問視されるようになった。しばし、一領具足に着目して長宗我部氏の軍事力を論じるのは慎むべきであろう。そこで、本書では同盟者の獲得などに発揮された元親の外交手腕に注目してみたい。こうした試みは、新たな元親像を構築してゆく試みともいえる。

初陣で変貌した武将

人物像というものを考えてゆく場合、避けてはとおれないのが風貌であろう。その風貌という点でもっとも話題になっている戦国武将は元親であるといってよいだろう。いわゆるポップカルチャーの世界では、目を疑うような元親が描かれている。とあるゲームソフトでは、「アニキ」と呼ばれる海賊と思しき武将として登場する。また、同僚に紹介されたアニメーションでは、「モトチーナ」と呼ばれる女性アイドルと思しき武将として登場する。これらは荒唐無稽

＊　一領具足　元親の軍事力の代名詞でもあったが、近年、その評価は見直されている。

な元親像であるが、後者については通説との関連が指摘できる。のちに詳述するように、元親が「姫若子《ひめわこ》」と呼ばれた一因は「色白」の風貌とされてきた。おそらく、その影響で女性アイドルのような元親像は生まれたのであろう。また、通説では「姫若子」元親は初陣での奮戦などを契機に「土佐の出来人《できひと》」と仰がれるようになり、四国を制覇してゆく武将に変貌したとされてきた。元親像が千変万化する現象は、この変貌譚の存在を条件としているのであろう。いわゆる元親ファンお馴染みの「長宗我部元親公初陣之像」（図版参照）もまた、この変貌譚を由来としている。

長宗我部元親公初陣之像

「長宗我部元親公初陣之像」は、その名のとおり二十二歳で初陣にのぞんだ元親をモチーフにした銅像である。右手には武功をあげた槍が握られており、左手は四国をつかみとろうとする意気込みを表現している。この銅像の写真は高知県立歴史民俗資料館のポスターや地元の地方銀行のカレンダー、さらには高知龍馬空港のパッセンジャーボーディングブリッジ（旅客搭乗橋）など、あちらこちらで目にするようになった。すでに、銅像は元親の風貌としてすっかり定着してきた感がある。しかし、あるイベントの際に銅像をながめていた参加者の一人から、「イケメンとよく聞きますけど、この銅像は何にもとづいて造られたのですか?」といった趣旨の質問をされた。この参加者には、武張《ぶば》りすぎの感じさえする銅像の顔がいわゆる「イケメン」にはみえなかったのであろう。おそらく、「イケメン」という風評が広まったのは前述のゲームソフトの影響によると思われる。こうした風評にせよ、それとは似つかわしくない銅像の風貌にせよ、想像にもとづいて創造されたものである。

物静かで慎重な武将

では、元親はどのような風貌をしていたのだろうか。元親像として古くからよく知られているのは、「絹本著色《けんぽんちゃくしょく》長宗我部元親画像」(図版カバー参照)である。画像が初老の元親をモデルとしていることもあって、その風貌はここまでみてきた元親像とはまったく相容れないように感じられるであろう。しかし、この画像は六十歳頃の元親の実像を忠実に描いていると考えられ、その表情から伝わるイメージは当時の元親評に相応しいように思われるのである。

本書では、元親の人物像に迫るキーワードとして、「しと〳〵」という言葉を重んじてゆく。これは、一僧侶が元親を評するために用いた擬態語であり、その意は「物事をゆっくりときちんとするさま」とされている(『邦訳日葡辞書』)。元親は、物静かで慎重な武将だったようである。そして、こうした元親の人物像は、画像の表情にも描写されているように思われる。

ところで、このような人物像は国民的小説家である司馬遼太郎氏の『夏草の賦《ふ》』*に登場する元親を連想させるかもしれない。司馬氏は、元親が四国制覇の挫折そして長男の戦死などをへて、「世に対してすべての情熱をうしなった」と綴っている。しかし、本書でみてゆく史実が示すように、元親は黄昏《たそが》れた人生をおくる人物であったとは考えられず、また元親が生きた時代はそのようなことが許される時代であったとも考えられない。

長宗我部元親の実像に迫る

元親とそれにまつわる歴史について述べてゆく本書では、まず「Ⅰ　元親の履歴書」で彼の生涯をダイジェストする。ここでは、元親の名字の読みや人物像のエッセンス、四国制覇の前提となる土佐統一と領国支配そして織田政権との関係などをみてゆきたい。これをふまえて、「Ⅱ　四国制覇の戦い」では、元親による四国制覇を追体験してみよう。ここでは、元親の人物像を意識しつつ、同盟者の獲得や抵抗勢力の残存などを取り上げながら、覇業の実態について考えてみたい。最後の「Ⅲ　元親の土佐を歩く」は史跡ガイドとなっている。ここでは、発掘調査をはじめとする近年の研究成果などに導かれつつ、史跡を紹介してゆく。伝承にもとづく史跡、あるいは史跡にかかわる伝承にも少なからず言及する。もちろん、伝承を史実であるかのように説明したり、またそれを無批判に信じたりしてはならない。しかし、史跡にまつわる伝承を生んだ歴史と地域について

*『夏草の賦』　元親の生涯を描いた小説。ただし、詳叙は長男信親の戦死でおわる。

考えてみることは大切な知的営みといえよう。

読後には、本書を携えて元親ゆかりの土地を歩いてみてはいかがであろうか。そうすることで、史実と伝承をしっかりと弁別しつつ、本書の検証を楽しんでもらいたい。

I

元親の履歴書——人と生涯

長宗我部元親の略歴

天文 8年(1539)	長宗我部国親の長子として誕生(母は未詳)。
永禄 3年(1560)	長浜戸の本の戦いで初陣。
天正 3年(1575)	土佐を統一。
天正13年(1585)	四国をほぼ統一するものの、羽柴(豊臣)秀吉に降伏。
天正15年(1587)	太閤検地の方式を導入した検地を開始(その成果は『長宗我部地検帳』として結実)。
慶長 2年(1597)	この年までに、土佐統治のために『長宗我部氏掟書』(『長宗我部元親百箇条』)を制定。
慶長 4年(1599)	伏見にて病死(61歳)。

一　元親の人物像

生いたち　長宗我部元親《ちょうそかべもとちか》は天文八年（一五三九）の生まれである。元親の幼名は弥三郎《やさぶろう》、長じてからの称は宮内少輔《くないのしょう》、そして羽柴土佐侍従《はしばとさじじゅう》であった。

父国親《くにちか》は土佐国長岡郡の岡豊《おこう》城（南国市）を本拠地として同郡南部や香美《かみ》郡西部に勢力を伸ばしていったが、永禄三年（一五六〇）に病死したとされる。当時、長宗我部氏は宿敵本山氏と長浜合戦で激突しており、この合戦の一部をなす長浜戸《ながはまと》の本《もと》の戦いが元親にとっての初陣であった。この初陣を機に、それまで「姫若子《ひめわこ》」と揶揄されていた元親は「土佐の出来人《できひと》」と仰がれるようになったといわれている。二十二歳にして戦闘と勝利を初体験した元親は、家督相続者に相応しい人物に変貌したというわけである。

元親は永禄十一年には本山氏を降服させ、土佐中央部を勢力圏におさめた。以後、元親は弟の親泰《ちかやす》・親貞《ちかさだ》らにも支えられて安芸氏や一条氏をはじめとする土佐の東西の強豪を撃破あるいは懐柔してゆき、天正三年（一五七五）に土佐を統一した。元親による土佐統一は、初陣そして家督相続からじつに約十五年を要したのである。

土佐統一を達成した元親は、四国制覇にのぞんでゆく。まず、元親は天正三年末

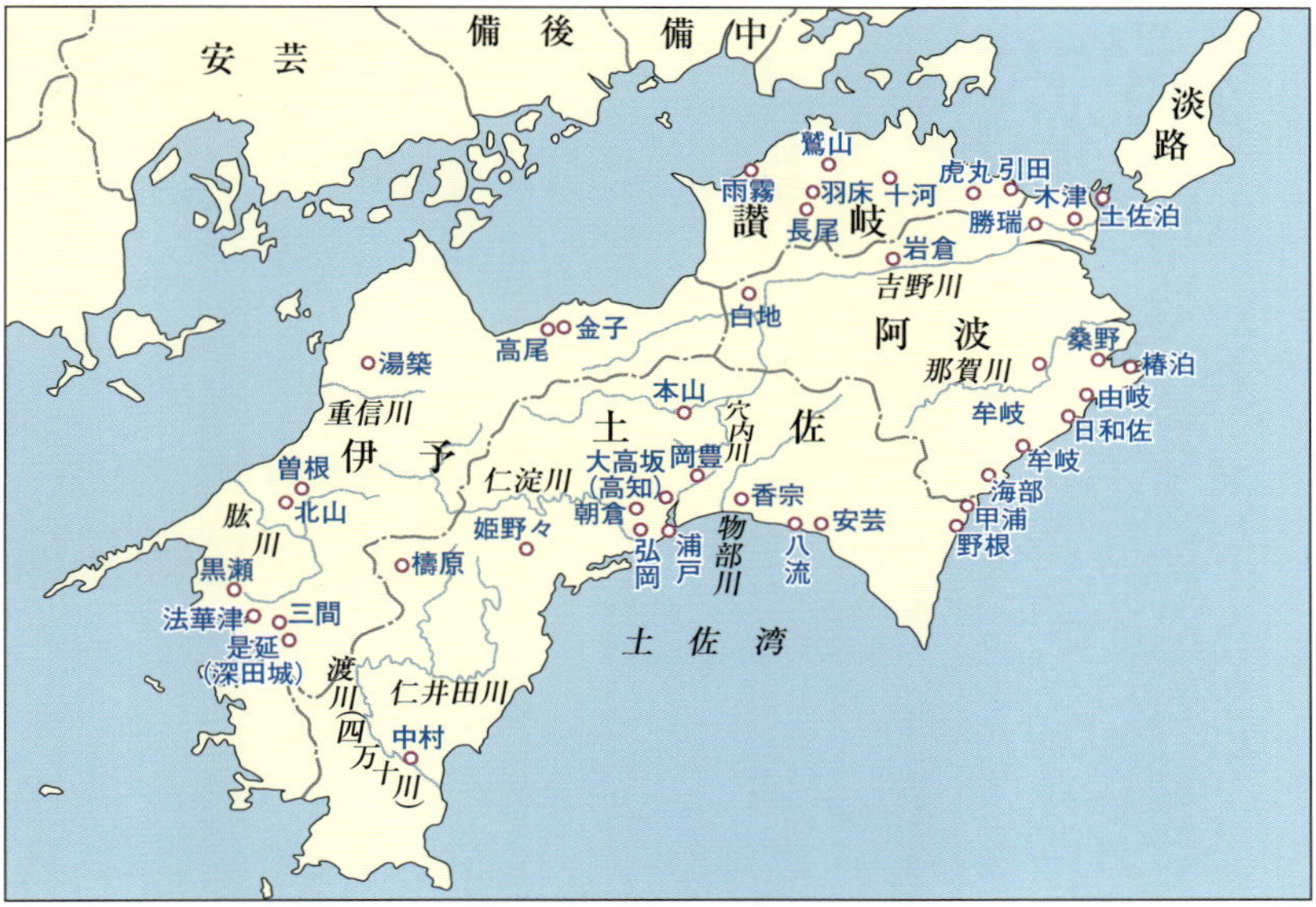

四国の地図

もしくは翌年から阿波へ侵攻し、天正六年には讃岐への侵攻も開始した。阿波は天正十年、讃岐は天正十二年、それぞれ元親によってほぼ掌握された。いっぽう、元親は天正四年から伊予へも侵攻していた。金子氏という頼もしい同盟者もえて侵攻は進められたが、伊予の最大勢力であった河野氏はついに屈服しなかった。四国内に河野氏などの抵抗勢力が残存していたのは事実であるが、元親は天正十三年には四国をほぼ統一していた。

　しかし、その天正十三年、

豊臣秀吉画像
大阪市立美術館蔵

かねてより対立関係にあった羽柴（豊臣）秀吉が本格的な長宗我部攻撃を命じる。軍事力の差は歴然としており、同年、元親は秀吉の軍門にくだった。豊臣政権下の一大名となった元親は、他の諸大名と同様に秀吉により軍事動員されることになった。そのはじまりは、天正十四年の豊後戸次《へつぎ》川の戦いであり、この戦いで元親は嫡男信親《のぶちか》を失う。そのおわりは、慶長三年（一五九八）に終結した慶長の役であり、この役における蔚山《ウルサン》の戦いが元親にとって最後の戦いとなる。なお、この間、天正十六年四月に元親は侍従に任じられた。

　こうした軍事動員に対応するために、元親は領国支配体制を整備していった。土佐では、天正十五年から太閤検地の方式を導入した検地が開始され、『長宗我部地検帳』が作成された。慶長二年までには、土佐統治のために『長宗我部氏掟書』（『長宗我部元親百箇条』）が制定された。

　元親は慶長四年、六十一歳を一期として、伏見邸で病死した。おそらく、その永眠は信親死後に継嗣となっていた四男盛親《もりちか》*に関する一抹の不安をともなっていたと思われる。

元親の名字

　長宗我部氏の先祖を秦《しん》の始皇帝《しこうてい》*の後裔と称した秦河勝《はたのかわかつ》*の子孫と

---

* **長宗我部盛親**　一五七五～一六一五年。元親の四男であったが、長兄信親の戦死により、家督を継承した。大坂夏の陣で豊臣方についたため、京都の六条河原で処刑された。

* **秦の始皇帝**　紀元前二五九～二一〇年。紀元前二二一年に韓・趙・魏・楚・燕・斉を滅ぼして天下を統一した。秦は中国初の統一王朝であり、中央集権的な体制をとっていた。

* **秦河勝**　生没年不詳。古代に朝鮮から渡来して山背国葛野郡（京都市）を本拠とした秦氏の族長的な人物で、推古朝の聖徳太子に近侍した。名は「川勝」と書くこともある。

する伝がある。元親は秦姓を称していたので、始皇帝や河勝を祖先とする認識をもっていたのは事実であろう。姓が源平藤橘《げんぺいとうきつ》ではなく秦であることも風変わりであるが、名字もまたすこぶる風変わりである。これも、歴史愛好家を惹きつける理由の一つではないかと思われる。その名字の漢字表記については「長宗我部」「長曽我部」の二つの表記が通用している。

長宗我部氏研究の泰斗である山本大氏がその名も「『長宗我部』苗字考」と題し

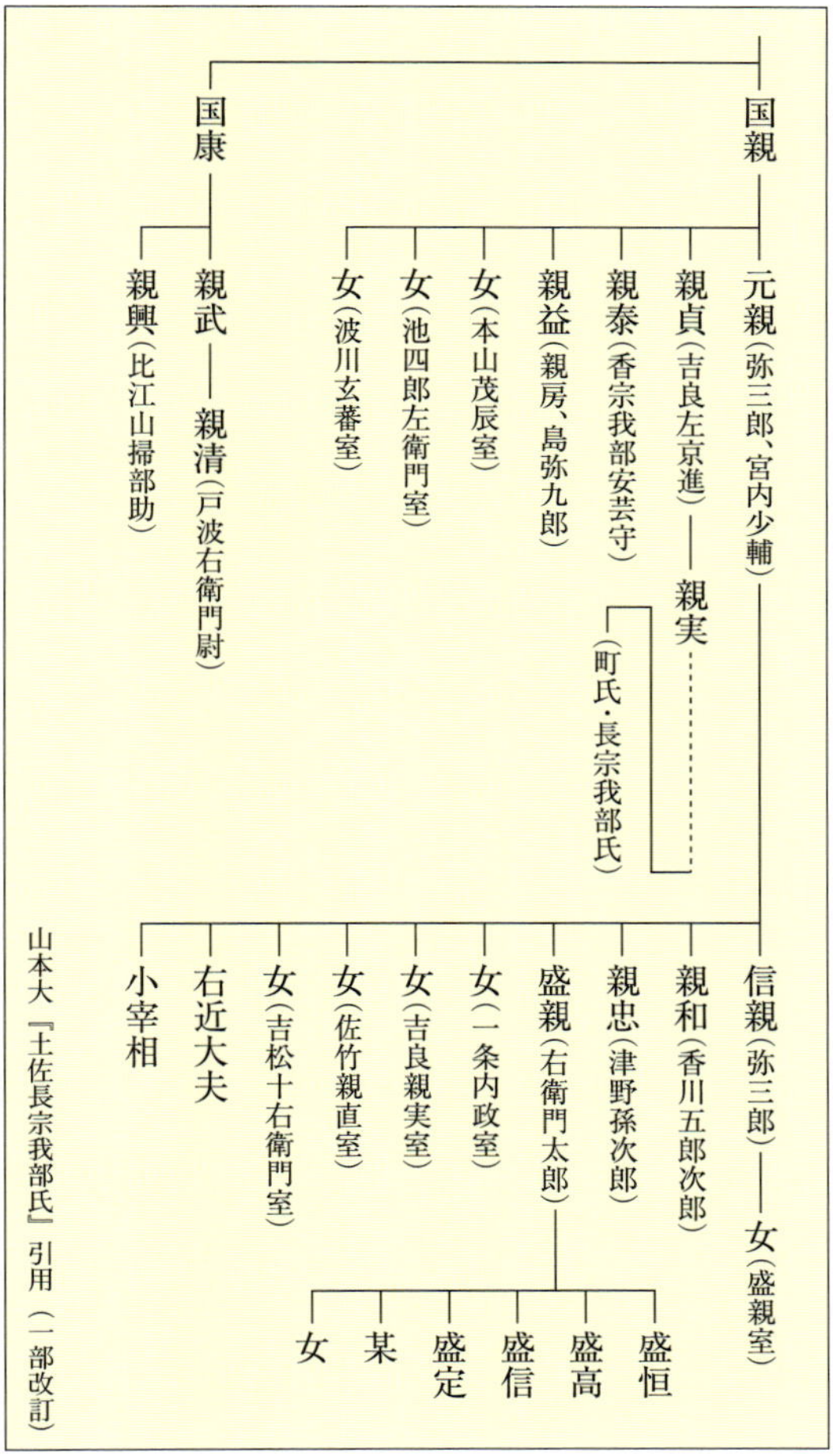

山本大『土佐長宗我部氏』引用（一部改訂）

た論文で「全国的には一般に『曽』の字が書かれているようである」と述べており、かつては「長曽我部」の方が一般化していたらしい。しかし、山本氏はこの論文で「長宗我部の文字を使用するよう要望したい」と訴えた。

のちに名字の読みを考える過程でも紹介してゆくことになるが、漢字表記はじつにバリエーションに富んでいる。ただし、多数確認されるのは「長宗我部」と「長曽我部」である。では、どちらが正しいのであろうか。山本氏は「元親や盛親は自身どちらの文字を書いたであろうか。管見に入った分では彼等はすべて『宗』と書いていたのであって、『曽』の字は見当らない」と指摘している。元親や盛親が自身で「宗」と書いたか、右筆に書かせたかはおくとして、元親らが「長宗我部」という表記をもっぱら使用していたのは事実である。いっぽうで、「長曽我部」という表記は豊臣秀吉など他者が使用していた。また、元親の名字は代々の本拠地であった土佐国長岡郡宗部郷《そがべ》（南国市）の郡名と郷名にちなむとされている。「長宗我部」という表記の使用者、そして表記の由来、これらからすると、山本氏の訴えに軍配をあげるべきであろう。ゆえに、本書では「長宗我部」という表記を用いることにする。では、この「長宗我部」はどう読むべきなのであろうか。

元親の名字の読み

山本氏は先の論文で「チヨウソカベ」と読むべきと指摘した。とくに「ソ」の部分については、大東急《だいとうきゅう》記念文庫《きねんぶんこ》蔵本『和名類聚抄《わみょうるいじゅしょう》』*で長岡郡宗部郷の「宗部」のもとに「曽加倍」と記載されていることが根拠とされてい

*『和名類聚抄』 成立は九三一〜九三八年（承平年間）。醍醐天皇皇女の勤子内親王のために源順が撰した一種の漢和辞書。諸書から記事を引用し、和訓を万葉仮名で記している。

る。ちなみに、高山寺《こうざんじ》本では「曽加へ」と記載されている。これらからすると、指摘は妥当なように思われる。しかし、山本氏は著書『長宗我部元親』などでは「ちょうそがべ」という読みを採用している。理由は不明であるが、「我」の読みを清音の「か」から濁音の「が」に変更しており、これも妥当なように思われる。ただ、いずれも「宗部」の読みとしては違和感があろう。

日本では、遅くとも八世紀前半には地名の漢字表記の「二字化」が進められていた。そのなかで「宗我部」も「宗部」になったのであり、『和名類聚抄』の「曽加倍」からすると、「宗我部」の「我」の字を省略したものとみられている（蜂矢真郷「和名類聚抄地名の『部』」）。この見解をふまえるならば、「ちょうそがべ」の方が妥当なように思われる。しかし、本書の主人公である元親の頃には別の読み方をしていたようなのである。

元親の名字に関する史料としてよく知られているのは、多聞院英俊《たもんいんえいしゅん》＊が記した『多聞院日記《たもんいんにっき》』の天正十三年六月二十一日条の記事である。その記事の読み下し文を掲げよう（読みやすさに配慮して原文の片仮名を平仮名にあらためた部分もある）。

> 土佐国の大将は長曽我部という人なり、チヤウスカメというと思ひし、面白き名字なり、土佐の一条殿の内一段武者なりと云々、

この読み下し文を意訳してみよう。

土佐国の大将は「長曽我部」という人である。「チヤウスカメ」というと思っ

＊**多聞院英俊**　一五一八～一五九六年。奈良興福寺（奈良市）の多聞院の院主。大和国の豪族十市氏の一族として生まれ、一五三三年に長英繁を師として出家し、長実房とも称した。

ていた。面白い名字である。土佐の一条殿のうちでもきわだった武者ということである。

まず注目されるのは、「『チヤウスカメ』というと思っていた」との発言である。英俊はこれまで「チヤウスカメ」だと思い込んでいたのだが、そうではないことを知ったのである。英俊は奈良興福寺の僧侶であり、伝聞による京都からの情報に接する機会にも恵まれていたはずである。その京都にいた女官が記した『お湯殿《ゆどの》の上《うえ》の日記《にっき》』*では「ちやうすかめ」と記されている（天正十六年の正月二十日条・四月十日条・五月十二日条）。日付の異なる記事で同じ仮名表記が使用されているのであるから、書き損じなどではなく、「ちやうすかめ」と読むのだと信じられていたと考えるべきであろう。これらの記事は天正十六年のものであるが、その二年半ほど前の段階からすでに京都やその周辺では「ちやうすかめ」という読みが流布しつつあり、それを奈良の英俊も伝聞していたのであろう。しかし、右の英俊の感想が示すように、彼は正しい読みを知ったのである。

『多聞院日記』の別の記事にも「長曽我部」と記されてはいるが（天正十三年八月二十三日条・同十四年四月十一日条）、いっぽうで「長相我部」とも記されている（天正十六年四月十七日条）。前者の「曽」は「そう」とも読むこと、後者で「相」の字が採用されていること、これらからすると、正しい読みは「ちょうそうかめ」もしくは「ちょうそうがめ」と想定されはしないだろうか。こうした点で注目されるのは、

---

* **お湯殿の上の日記**　禁中の御湯殿上の間で、天皇近侍の女官が交代で記した日記。天皇自らが執筆した部分もある。室町時代初期～江戸時代末期の記事がある。

* **榜文**　「榜」は立て札。慶長の役で全羅道・慶尚道に進駐した諸将は農民支配のために両道の各地で連名

慶長二年九月日付榜文《ぼうぶん》*の写である。慶長の役で渡海諸将は連名の榜文を掲げており、この時は元親の代理として盛親が連署した。その榜文の写三通のうち二通では「長曽我部」と表記されているが、一通では「長僧我部」と表記されている（『大日本古文書島津家文書』）。この事例からすると、「宗」「曽」「相」——後述のように「曹」も確認できる——と表記される部分は「そう」と読むと判断してよいだろう。では、つづく最後の部分はどう読むのであろうか。

大名毛利氏の家臣玉木吉保《たまきよしやす》*の『身自鏡《みのかがみ》』には「長曽亀」と記されている。この書の成立は元和三年（一六一七）であり、盛親が大坂夏の陣で敗れて処刑された年の翌々年である。だから、この漢字表記はでたらめなものとは考えにくく、最後の部分は「かめ」もしくは「がめ」と読んでいたと判断すべきではないだろうか。ただ、やはり違和感はあろう。そこで、より良質の史料に依拠して、この最後の部分の読みについて考えてみたい。

『鹿苑日録《ろくおんにちろく》』*には「長曹我妻」という表記がみられる（慶長四年九月十三日条）。記主は西笑承兌《せいしょうじょうたい》*と親交があった相国寺の僧侶と推定されており、その承兌に関連する瞠目すべき史料が存在する。それは、文禄三年（一五九四）八月二十一日付伏見大光明寺勧進帳である（『相国寺蔵西笑和尚文案自慶長二年至慶長十二年』）。勧進は豊臣秀吉が承兌のために復興した大光明寺の庫裡《くり》等を建築すべくおこなわれたので、秀吉家臣だけでなく承兌も勧進帳の作成に関与していたはずである。この勧進帳では

の榜文を掲げた。これらでは、還住して農耕に励むことなどが命じられていた。

＊玉木吉保　一五五二～一六三三年。毛利氏の家臣玉木（玉置）忠吉の嫡男として生まれる。元就・輝元・秀就の三代にわたって毛利氏に仕えた。自叙伝『身自鏡』は「みずからのかがみ」「みじかがみ」とも読まれている。

＊『鹿苑日録』　相国寺（京都市）の鹿苑院の院主の日記。おもな記主に景徐周麟・西笑承兌・有節瑞保などがおり、五山制度の実態を知る基本史料。一四八七～一六五一年の記事がある。

＊西笑承兌　一五四八～一六〇七年。臨済宗夢窓派の僧で僧録に任じられる（一五八五年に初任、一五九七年に再任）。豊臣秀吉・徳川家康のブレーンとして仏事を差配するだけでなく、外交文書も作成した。

「長宗我妻」という表記が使用されている。このように、承兌やその周辺の人々は「部」を「妻」と思い込んでいたふしがある。コラムで紹介するように、じつは勧進帳の「長宗我妻」のもとに元親は花押をすえている。元親自身も「妻」の表記を了承していたのであるから、最後の部分は「かめ」もしくは「がめ」と読まれていたと判断できる。元親の時代には「ちょうそうかめ」もしくは「ちょうそうがめ」と読まれていたはずである。さらに、「我」の音は「が」であり、清音から濁音への変化はよくあるが、逆の変化はあまりない。よって、「ちょうそうがめ」が英俊の知った正しい読み、つまり元親の頃の読みであったと考えられる。ただし、長者を〈チョージャ〉、軍曹を〈グンソー〉などと発音する例をふまえるならば、実際には〈チョーソーガメ〉と発音されていたと考えるべきであろう。英俊が「面白き名字」としたためたように、元親の名字長宗我部は漢字表記だけでなく、読みもまた風変わりなのである。

「姫若子」

元親の人物像とくに青年期のそれといえば、多くの読者が「姫若子《ひめわこ》」を思い浮かべることであろう。しかし、この「姫若子」については誤解がよくみられる。まずは、「姫若子」に関する『土佐物語』*の記述の原文を読者の方々に確認いただくために、掲げておくことにする（読みやすさに配慮してルビをふった）。

此《この》元親は、生得《しょうとく》背高く色白く、柔和にして、器量・骨柄天晴類《こつがらあっぱれたぐい》なしと見えながら、要用《ようよう》の外は物いふ事なく、人に対面しても会釈《えしゃく》もなく、日夜深窓《しんそう》にの

＊『土佐物語』　一七〇八年成立の軍記物。作者の土佐藩士吉田孝世は、長宗我部氏家臣であった吉田重俊の子孫とされている。一条教房の土佐下向から山内氏の高知城築城までを記す。

み居給《いたま》ひければ、姫若子と異名を付けて、上下囁《ささや》き笑ひけり。

この記述を意訳すると、次のようになる。

元親は生まれつき背が高く、色白、柔和であり、容姿はみごとで非常にすぐれていたが、どうしても必要な場合以外には口をきくことがなく、人に対面しても会釈することもなく、日夜家の奥深い部屋にだけいたので、姫若子と異名を付けて、人々は囁き笑っていた。

少なからぬ方がこの意訳に抵抗感をもつのではなかろうか。なぜなら、一般読者だけでなく、研究者の間でも広く読まれている山本大氏の『長宗我部元親』では「生れつき背が高く、色白で柔和な性格であったので『姫若子』といわれていた」と述べられているからである。おそらく、この「色白」も元親が「姫若子」と呼ばれた一因とみなす説が普及してしまったからであろう。やや極端な例となるが、前述のように元親をあたかも女性アイドルと思しき武将として描いたアニメーションさえ存在する。

しかし、あくまで『土佐物語』の記述を忠実に解釈すると、「どうしても必要な場合以外には口をきくことがなく、人に対面しても会釈することもなく、日夜家の奥深い部屋にだけいた」ことが「姫若子」と呼ばれた理由なのである。そして、色白は長身・柔和とならんで男子としてすぐれた容姿の説明であり、その容姿は長身が象徴するように「姫」らしさとはむしろ対極的なものだったのである。ここでは、元親の容姿がまるで「姫」つまり女子のようであったとみるのが誤解であることを確認しておきたい。

　ところで、「姫若子」とならんで散見するのが「土佐の出来人」という元親評である。これも先の山本著書にカッコつきで登場するが、これまで著者は「土佐の出来人」という史料的所見に接したことがない。ただ、『南国中古物語』*には「土佐国の出来もの」、『土佐軍記』*には「土佐国出来人」という記述があり、もしかすると後者が根拠なのかもしれない。いずれにせよ、軍記物の記述であり、「姫若子」とならびこうした呼称にもとづく人物像は伝説に属するものといえる。

　しかしながら、当時の信頼しうる史料を丹念にみてゆくと、軍記物の記述にも元親の実像をとらえている部分があるように思われてくる。例えば、先の『土佐物語』でいえば、「姫若子」と元親が呼ばれた理由に関する部分がそうである。以下では、こうした観点から、軍記物の記述も考慮しながら、元親の人物像に迫ってみたい。

「律義第一の人」　元親の人柄に関するエピソードとしてよく知られているのは、慶長の役*における泗川《サチョン》倭城《わじょう》（この倭城については、Ⅲ参照）の普請をめぐる垣見《かきみ》一直《かずなお》*との口論である。『元親記』*が伝えるその口論の有様は次のようなものであった。なお、一直は豊臣秀吉が慶長の役に際して任命した軍目付*である。

　慶長二年（一五九七）十月より元親らは泗川倭城の普請に携わっていた。その時、城門脇の塀の狭間のあけかたについて、元親と一直との間で押し問答があった。一

---

*『南国中古物語』　一六四二年頃に成立したとみられる軍記物。作者は不詳。長宗我部氏の土佐来着から元親による一条兼定の追放までを記す。

*『土佐軍記』　成立年代・作者ともに不詳の軍記物。長宗我部氏の土佐来着から大坂夏の陣による滅亡までを記す。内容や表現に『南国中古物語』との類似点が多いと指摘されている。

*慶長の役　一五九七年に豊臣秀吉が開始した二度目の朝鮮出兵。一五九二年に開始された一度目の朝鮮出兵は文禄の役と呼ばれる。

*垣見一直　?～一六〇〇年。一五九四年に豊後富来城（大分県国東市）の城主となる。関ヶ原合戦に際して西軍に与して美濃大垣城（岐阜県大垣市）を守ったが、東軍に応じた高橋元種らに誘殺された。

直は狭間を上の方にあけるよう主張し、元親は城門脇の塀のような場所にある狭間は人の胸から腰のあたりを目当てにあけるのがよいと主張した。しかし、一直は下の方にあけてしまっては敵が城の内をのぞいて不都合であるとの理由で主張をかえなかった。これに対して元親は敵が簡単に接近して城中をのぞくほどに守備が弱ければ城を維持できないであろうと批難し、「から〳〵」と笑った。さらに、元親が上の方にあけるのは敵の頭より上を撃つことになってしまう問題点を指摘し、杖で鉄砲の構えをして一直にみせ、総じてこのような実戦的なことは元親の意向どおりにするよう「あら〳〵」（荒荒もしくは粗粗）といったので、一直は返答できなかった。

こうした有様に続く、元親の人物像に関する『元親記』の記述を読み下してみよう。

まことに元親事、律義第一の人にて、御上使《じょうし》・御横目《よこめ》衆とあれば、頭を地につけ、慇懃《いんぎん》に仕られ候が、この時はもってのほかなる存分にてありしなり、

これを意訳すると、次のようになる。

ほんとうに元親様は「律義第一の人」で、御上使・御横目衆ならば頭を地につけて慇懃に対応なさるのであるが、この時は普段とは違うおこないであった。

この記述と先の「あら〳〵」といった様子にも着目して、山本大氏は「言葉荒く和泉守に一矢を報いたのであった」と指摘するとともに、「『律義第一の人』『慇懃の人』であるという評は、戦争過程の中で外交上の必要から、元親が生み出した処

＊『元親記』　一六三一年成立の軍記物。長宗我部氏家臣であった高島孫右衛門正重が元親の三十三回忌にあたり、元親の事績をまとめたもので、土佐統一の過程から朝鮮出兵までを記す。

＊軍目付　慶長の役に際して豊臣秀吉は、諸将の軍事行動を監察する軍目付を任命した。メンバーは、太田一吉・竹中隆重・垣見一直・毛利友重・早川長政・熊谷直盛・毛利重政（重政の病死後は福原長堯が任命される）。

順天倭城

世術から来たことかも知れないが、元親の人物の一面を物語ってもいよう」と推論している（山本『長宗我部元親』）。この元親の人となりに関する推論はのちにも述べるように妥当と考えられるが、元親が一直に「言葉荒く」反論したのは事実であろうか。

こうした疑問を覚えるのは、『元親記』では口論の前提となる戦線縮小論に対する一直と元親の態度などをはじめ史実と異なる記述が多々みられるからである（以下、拙著『長宗我部氏の研究』参照）。『元親記』では戦線縮小論――具体的には、順天《スンチョン》倭城の放棄――に一直は同意したものの、元親は反対したかのように述べられているが、この賛否に関する両者の立場は史実とは正反対の構図で描かれている。そのため、賛否をめぐる対立が前提となり発生したとされる口論もまた史実としての信憑性に乏しい。

『元親記』の作者は、かつて元親の近習であった高島正重《たかしままさしげ》である。しかも、『元親記』は元親三十三回忌に際して霊前に供えられている。このような軍記物であることからすると、口論は旧主元親を賛美すべく正重が創作した虚構とみた方がよさそうである。当然、口論を機に以前にも増して険悪となったとされる両者の関係もまた虚構であろう。実際、慶長二年の四月十九日付の一直宛元親書状の内容からすると（高知県立歴史民俗資料館『長宗我部盛親』）、元親が一直に「言葉荒く」反論できたとは考えにくい。

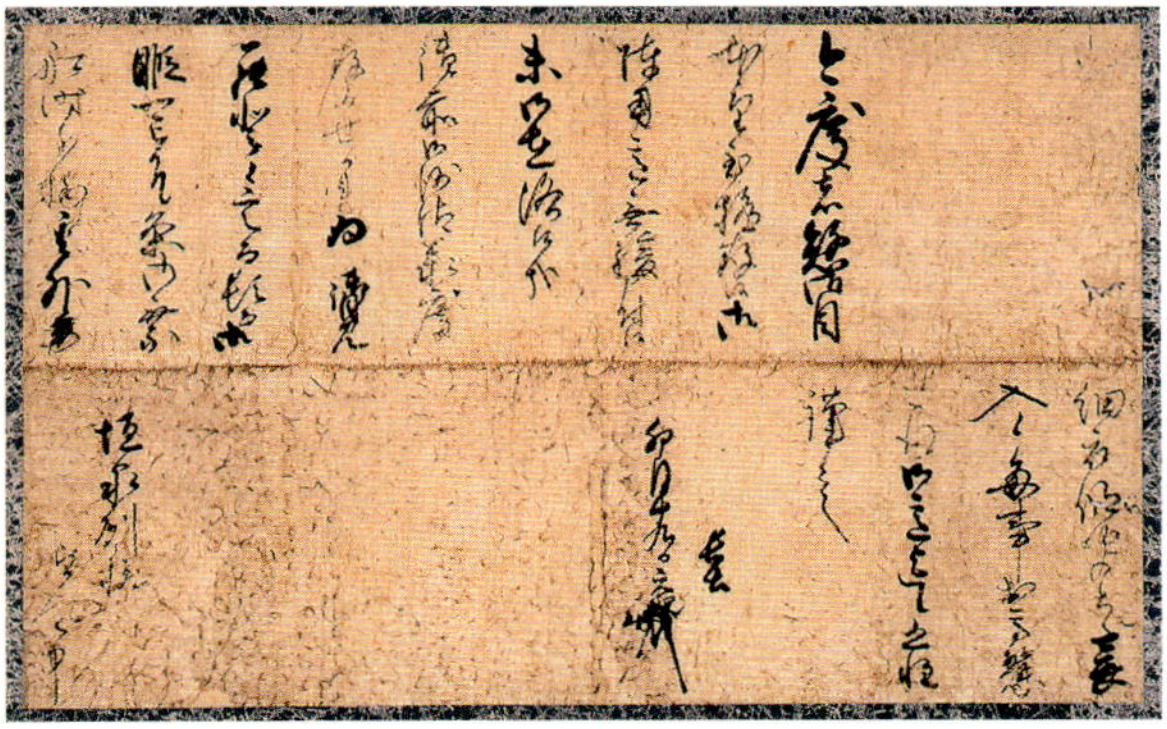

一直宛元親書状
高知県立歴史民俗資料館提供

まず書状の様式的な点に注目すると、書止文言《かきとめもんごん》が「恐々謹言」ではなく「恐惶謹言」、宛所が「殿」ではなく「様」となっていることが示すように厚礼であり、一直に対する元親の低姿勢ぶりが知られる。元親は一直の立場をよく理解していたのである。この書状で元親が「御前御沙汰《ごぜんごさた》」と述べているのは盛親「御目見《おめみえ》」の可否であり、それは元親が一直に以前対面した際に秀吉への取り成しを依頼した件であったとみられる。

一直は元親の要望を直接秀吉に取り成し、それに対する秀吉の意思・命令を元親に伝達する立場にあった。そのため、元親は一直に書状で「御前御沙汰」に関する情報提供を丁重に求めている。のちに述べるように、盛親は秀吉あるいは豊臣政権から家督継承者として認知されていなかったとみなされ、盛親の「御目見」は認知につながる絶好の機会と目されていたはずである。このことも元親の低姿勢ぶりに影響を与えていたと考えられる。

また、書状作成の二カ月ほど前に一直は慶長の役における軍目付に任命されており、朝鮮ではあらゆることに関して一直の意見を聞くと書状で伝えているので、元親は渡海後も一直に平身低頭していたはずで、その元親が一直に物申し対立するような事態が発生していたとは考えにくい。もし、そのような事態が発生していたならば、戦線縮小論に同意してしまった元親は秀吉の譴責《けんせき》をうけていたであろう。「元親事、律義第一の人にて、御上使《じょうし》・御横目《よこめ》衆とあれば、頭を地につけ、慇懃《いんぎん》に仕られ候」というのが当時の元親の実像とみられよう。しかし、元親の旧臣正重には、ただただ平身低頭する旧主の姿をそのまま描くことはできなかったのであろう。狭間をめぐる口論の虚構は、一直に対する元親のルサンチマンの正重による代弁ではなかろうか。

「しと〱とのへたまハんハ土佐のかミ」

慶長の役に際して一直とともに軍目付に任命された大名の一人に太田一吉*がいる。その軍勢に従軍した慶念《きょうねん》*という僧侶がいた。慶念は慶長三年一月に朝鮮で渡海諸大名を題材とする俳諧連歌を作成しており、これは彼らの人物像に関する貴重な同時代史料といえる。その中に「しと

---

* **太田一吉**　?～一六一七年。もと丹羽長秀の家臣。一五九七年に豊後臼杵城（大分県臼杵市）の城主となる。関ヶ原合戦に際して西軍に与して所領を失い、出家した。

* **慶念**　一五三六～一六一一年。豊後臼杵の安養寺（大分県臼杵市）の真宗僧。もとは大坂の本願寺の僧であった。慶長の役では、太田一吉に近侍する医僧として朝鮮に渡海した。

〳〵とのへたまハんハ土佐のかミ」という一句がある（『朝鮮日々記を読む』）。

「土佐のかミ」つまり「土佐守」とは、元親のことである。当時、元親は正式には侍従であったが、「土佐守」とも呼ばれていた。たとえば、島津勢に従軍した面《お》高《だか》連《れん》長《ちよう》坊《ぼう》*の日記に「長曽我部土佐守殿・同右衛門太郎殿」とあるように（『面高連長坊高麗日記』）、元親は「土佐守」、盛親は「右衛門太郎」と称されていた。この「土佐守」は僭称というよりも阿波の蜂《はち》須《す》賀《か》家《いえ》政《まさ》*や讃岐の生《い》駒《こま》一《かず》正《まさ》*がそれぞれ阿波守・讃岐守であったことなどから生じた誤解にもとづく俗称と思われる。

「しと〳〵」の意は「物事をゆっくりときちんとするさま」である（『邦訳日葡辞書』）。さしづめ一句の意味は、「ゆっくりときちんとお話しになるのは元親様」といったところであろう。慶長三年といえば元親死去の前年であり、この年元親は数え年で六十歳であった。晩年の元親は「しと〳〵」と詠じられるような物静かで慎重な人物だったのである。

泗川倭城の普請は俳諧連歌が作成される数カ月前であり、その頃の元親の人物像も同様だったはずである。ならば、こうした人物像と親近性が認められる「律義第一の人」「慇懃の人」であるという山本氏の推論は妥当であろう。

さて、こうしてみると、「姫若子」に関して検討した『土佐物語』の記述が想起されよう。とくに、「どうしても必要な場合以外には口をきくことがなく」という部分には晩年の元親の人物像に通じるものがある。また、「人に対面しても会釈す

＊面高連長坊　生没年不詳。面高家は代々薩摩市来（鹿児島県いちき串木野市）に居住した修験者の家系といわれており、連長坊の名は俊昌あるいは俊信とされている。その日記『面高連長坊高麗日記』には、一五九七年の七月～十二月の記事がある。

＊蜂須賀家政　一五五八～一六三八年。徳島藩の藩祖。一五八五年の秀吉による長宗我部攻撃において父正勝があげた功によって、阿波一国を支配する大名となる。

＊生駒一正　一五五五～一六一〇年。父親正が一五八七年に讃岐一国を支配する大名となる。関ヶ原合戦に際して父は西軍に与したものの、一正は東軍に与して讃岐を安堵された。

ることもなく」という部分に関しては無礼者ではなく、内気ではにかみ屋という様子を示そうとしたものと思われる。こうした記述が「姫若子」と呼ばれた理由とされていることからすると、元親の人物像とくにその青年期のそれを示す呼称として「姫若子」を再評価してよいように思う。

物静かで慎重な元親の人物像は、四国を制覇した戦国大名のイメージとしては物足りないかもしれない。しかし、「律義第一の人」「慇懃の人」という評に関して「戦争過程の中で外交上の必要から、元親が生み出した処世術から来たことかも知れない」と山本氏が述べているように、戦国期から豊臣期を大名として生き残ってゆくためには勇猛果敢さよりも「物事をゆっくりときちんとする」慎重さが求められたのではなかろうか。少なくとも元親については、こうした見方の妥当性が認められるべきだと考えている。この点については、元親とは異なり性急さがみられた盛親と対比しつつ、後述することにしたい。

二 土佐統一

長浜戸の本の戦い～渡川の戦い

まずはおおむね通説にしたがって、土佐統一

朝倉城跡
高知県立歴史民俗資料館提供

上空からみた岡豊城跡
南国市教育委員会提供

における元親の軍事行動を簡潔に叙述しておこう。ただし、土佐統一過程に関する信憑性の高い史料は乏しく、通説は軍記物に依拠している部分が多いので、再検討を要することに留意されたい。

元親が父国親*の死去により家督を継いだのは、永禄三年（一五六〇）のことであった。

当時の長宗我部氏の勢力範囲は本拠の岡豊《おこう》を中心とする長岡郡南部および香美《かみ》郡西部であった。その宿敵は、長岡郡北部の本山を本拠として土佐郡・吾川《あがわ》郡にも進出していた本山氏である。元親の初陣は、この本山氏との戦いであった。

永禄三年五月、浦戸湾東岸の種崎に侵出していた国親は対岸の本山方の長浜城*を攻略した。これに対して朝倉城（Ⅲ参照）の本山勢は長浜に向かい、戸の本で長宗我部勢と激突した。この戦いが元親の初陣となった長浜戸の本の戦いである。二十二歳の元親は奮戦し、敗れた本山勢は六月には長浜城南方の浦戸《うらど》城（Ⅲ参照）も放棄して朝倉に退散

---

* **長宗我部国親**　一五〇四～一五六〇年。長宗我部元秀（兼序）の子として岡豊城に生まれる。一時は幡多郡中村（四万十市）の一条氏（香美郡槇山（香美郡物部村）の専当氏とみる説もある）に庇護されていたが、のち岡豊に復帰して長岡郡南部で勢力を伸ばした。

* **長浜城**　吾川郡長浜（高知市）の長浜川左岸にあった山城。本山氏が、浦戸湾の対岸に勢力を伸ばしていた長宗我部氏に備えるために築いたとされている。

浦戸城跡
高知県立埋蔵文化財センター提供

していった。ちなみに、同年五月に尾張では織田信長が桶狭間《おけはざま》の戦いで今川義元*を破っている。

いくつかの軍記物が槍を駆使する元親の奮戦ぶりを活写しており、その姿をモチーフにした「長宗我部元親公初陣之像」（Ⅲ参照）もある。長浜戸の本の戦いを含む永禄三年五月から六月の一連の戦いを長浜合戦と呼ぶこともあり、この合戦を契機に「土佐国の出来もの」（『南国中古物語』）や「土佐国出来人」（『土佐軍記』）といった評が生まれたという。つまり、この合戦における元親の像はのちのそれに大きな影響を与えているのである。

しかし、むしろ、そうなるように描かれていると考えられないだろうか。国親の死去は長浜合戦の頃だったようで、初陣のタイミングとしては絶妙である。おそらく、長宗我部氏の家督を継承する人物として十分な資質を備えていたことを印象づけるために元親の奮戦ぶりやこれとかかわる元親評が記述されたのであろう。元親にカリスマ性を付与する戦いを仕立てた伝承といえるのではなかろうか。ただし、この戦いが土佐統一を進める元親にとって幸先のよいスタートだったのは事実であろう。

＊ **今川義元**　一五一九～一五六〇年。駿河・遠江を支配した戦国大名の今川氏親の子。義元は三河も領国化し、今川氏の全盛期を招来したが、織田信長に敗れた。

大友宗麟
瑞峯院蔵

本山城跡
高知県立歴史民俗資料館提供

長浜合戦で宿敵本山氏に勝利した元親は地歩をしめ、永禄十一年には本拠本山城で抵抗していた同氏を降伏させた。これを画期として長岡郡のほか土佐中央部の香美・土佐・吾川の三郡を勢力圏におさめた元親は、その東西に割拠した諸氏を打倒あるいは懐柔しながら、土佐の統一を進めてゆく。永禄十二年に土佐東部の安芸氏をいわゆる「矢流崩《やながれくずれ》＊」で撃破して滅亡に追い込み、天正二年（一五七四）には土佐西部の公家大名一条兼定《かねさだ》＊を内紛に乗じて追放する。さらに翌年に旧領奪還を期して土佐に戻ってきた兼定を渡川の戦いで退けた。この天正三年に元親は土佐東端の野根《のね》・甲《かんの》浦《うら》に蟠踞する野根氏を降し、初陣から約十五年で土佐を統一した。ここで、戦国期土佐におけるもっとも重要な合戦の一つである渡川の戦いをやや詳しくみておこう。

天正三年、長宗我部勢は渡川をはさんで一条勢と対峙していた。渡川とは四万十川のことで、かつては渡川が正式名称であり、この戦いの戦場となった右岸の地名

＊ **矢流崩**　一五六九年、安芸郡八流（安芸市）でおこった戦い。長宗我部勢の陽動作戦が功を奏し、八流砦に籠もっていた安芸勢は総崩れになったとされている。

＊ **一条兼定**　一五四三〜一五八五年。父は一条房基、母は大友義鑑の娘、妻は大友義鎮の娘。渡川の戦い後、伊予南部の小島へと落ちのび、同地で死去したとされる。

は現在でも渡川という。幡多《はた》郡中村を拠点に土佐西部で勢力を誇った一条氏は天正元年には長宗我部氏の圧迫をうけるようになり、翌年兼定は家督を親長宗我部派の内政《うちまさ》（ただまさ）*に譲り、舅大友義鎮《よししげ》*（宗麟《そうりん》）を頼り豊後に渡った。そして天正三年、兼定は義鎮の支援をうけて中村復帰を目指して戻ってきたのである。

戦い前、一条勢は渡川右岸の小山に栗本城を築き、渡川には乱杭を打ちめぐらせて防衛ラインとしていた。中村に着陣した元親はこの防衛ラインを迂回して上流から進撃する策をとり、長宗我部勢は混乱する一条勢を圧倒した。さらに長宗我部勢は栗本城に敗走する一条勢を追撃し、二〇〇あまりの首級をあげた。残る一条勢は籠城したものの、あえなく三日で栗本城は落城してしまう。以上はあくまで『元親記』などの軍記物が伝える戦いの様子であり、その信憑性は慎重に検討してゆく必要があろう。

しかし、長宗我部側の勝利と一条側の敗北は疑うべくもなく、元親が同じ天正三年の七月に土佐東端の甲浦城を奪取し、ついに土佐一国を統一することになった史実が示すように、この渡川の戦いは戦国期土佐におけるもっとも重要な合戦の一つなのである。

国人家に対する子弟の入嗣

長宗我部氏の軍事力の基盤といえば、誰しも一領具足を思い浮かべるにちがいない。そのため、ここまでの土佐統一に関する叙述に一領具足がなぜ登場しないのかといった疑問を抱く読者もいるであろう。「Ⅱ　四

＊**一条内政**　一五六二～一五八五年。父は一条兼定、母は伊予の宇都宮豊綱の娘、妻は元親の娘。元親により一時推戴されるが、一五八一年に謀反への加担を理由に国外追放された。

＊**大友義鎮**　一五三〇～一五八七年。豊後府内（大分市）を本拠地として一時は九州の六カ国ほどを支配し、四国の伊予にも勢力を伸ばした戦国大名。キリスト教を保護し、自身も入信した。

＊**毛利元就**　一四九七～一五七一年。安芸吉田（広島県安芸高田市）を本拠地として中国地方の五カ国ほどを支配した戦国大名。他家を継いだ二人の息子元春・隆景が毛利氏に協力する毛利両川体制を整えた。

＊**吉川元春**　一五三〇～一五八六年。毛利元就の次男。安芸大朝（広島県山県郡北広島町）の吉川興経の養子

吉良城跡
同前提供

香宗城跡
高知県立歴史民俗資料館提供

国制覇の戦い」でも言及するが、近年の研究をふまえるならば、一領具足に対する評価を大幅に見直す必要がある。一領具足はそもそも制度的な呼称であったのかも疑わしく、現段階では長宗我部氏の軍事力そのものの強さの秘訣は不明といわざるをえない。ここでは、土佐を統一した元親の広い意味での軍事力すなわち戦術の秘訣について述べておきたい。

　毛利元就《もとなり》*が子の元春《もとはる》*・隆景《たかかげ》*にそれぞれ吉川氏・小早川氏を継がせた例が示すように戦国大名は支配領域を拡大するに際し、被征服者である国人家*を形式上は滅亡させることなく、当主の子弟など一族を国人家に入嗣《にゅうし》するという手段をよく用いた。これは家名の存続に究極の意義を見出す日本的なイエの思想にもとづくものであり、これによって国人家の旧臣の不満を解消することができたのだろうと考えられる。元親も土佐統一の過程でこうした手段を用いた。元親の弟親泰《ちかやす》*は香美郡の

となり、吉川氏を継いだ。山陰方面の軍事を担当するなどして毛利両川体制を支えた。

＊**小早川隆景**　一五三三～一五九七年。毛利元就の三男。安芸竹原（広島県竹原市）の小早川氏を継ぎ、のち安芸沼田（広島県三原市）の小早川氏も継いだ。山陽方面の軍事を担当するなどして毛利両川体制を支えた。

＊**国人**　在地性の強い領主層。国衆とも呼ばれる。国人たちは、著名な十五世紀前半の安芸の例などが示すように、地域的に結集して国人一揆を形成することがあった。

＊**香宗我部親泰**　一五四三～一五九三年。長宗我部国親の三男。香美郡香宗城（香南市）を拠点とする香宗我部氏を継いだ。のち安芸城を預かり、土佐統一戦の東部戦線を担当した。

香宗我部氏（「香宗我部」は通常「こうそかべ」と読まれているが、本書での「長宗我部」の読みに関する検討の結果からすると、「こうそうがめ」と読む可能性もある）、同じく弟親貞《ちかさだ》*は吾川郡の吉良《きら》氏、三男親忠《ちかただ》*は高岡郡の津野《つの》氏へと入嗣する。比較的史料に恵まれている親忠について、その旧国人領支配の様子をみておこう（拙著『長宗我部氏の研究』）。

親忠が旧津野領内で家臣に給地を与えていたことを示す自身の発給文書は、多数確認されている。よって、親忠が旧津野領内における知行宛行《あてがい》*権を有していたのはまちがいない。この権限は国人津野氏固有のものであり、同氏に入嗣した親忠はそれを継承したのだと考えられる。また、親忠は旧津野領内の奉行人・役人を任命しており、この任命権も津野氏固有のそれを継承したのだと考えられる。このように、元親は降った国人家に一族を入嗣し、旧国人領内における国人家固有の権限を一族に継承させることにより、旧国人領を円滑に支配しようとしていたのである。これは長宗我部氏の領国支配の分権的側面といえるが、ただし、一族の旧国人領支配は全くの自由裁量に任されていたのではなかった。

親忠は伊予との国境に近い高岡郡梼原《ゆすはら》の家臣に対して、土佐・伊予間の出入国の取締強化を命じたことがあった。この取締強化はそもそもは元親が命じたものであった。つまり、親忠は長宗我部氏の命令を旧国人領内で実施しようとしていたのである。こうした行為は、国人津野氏固有の権限に由来するものではなく、長宗我部氏の支配下に入ることによって、つまりは親忠が入嗣することによってはじめて生

---

* **吉良親貞**　一五四一～一五七七年。長宗我部国親の次男。吾川郡弘岡の吉良城（高知市）を拠点とする吉良氏を継いだ。土佐統一戦の西部戦線を担当した。死去を一五七六年とする説もあったが、翌年の生存が確認された。

* **津野親忠**　？～一六〇〇年。元親の三男。高岡郡姫野々城（高岡郡津野町）を拠点とする津野氏を継いで、高岡郡を支配した。五山僧として著名な絶海中津の父は、津野氏とされている。

* **知行宛行権**　所領を与える権限。「宛行」は「充行」と書くこともあり、ともに「あてがい」「あておこない」もしくは「あてがう」「あておこなう」と読む。

安芸城跡
同前提供

じたものであろう。長宗我部氏は国人家に入嗣した一族を通して旧国人領内に自らの命令を徹底していたのであり、これは長宗我部氏の領国支配の集権的側面といえるだろう。土佐統一を進める長宗我部氏にとって、新たに服属した旧国人領を円滑に支配するためには国人家に入嗣した一族は欠くことのできない存在であった。

もちろん、国人家に入嗣した一族は軍事面でも元親を支えていた（平井上総『長宗我部氏の検地と権力構造』、同「香宗我部親泰と長宗我部元親」）。香宗我部親泰は安芸氏滅亡後に安芸城を預かり、吉良親貞は一条兼定追放後に中村城*を預かった。元親の二人の弟はそれぞれ東部戦線と西部戦線で兄元親の土佐統一戦を支えていたのである。

土佐を統一した元親の広い意味での戦術の秘訣の一つとして被征服者である国人家を形式上は滅亡させることなく、自身の子弟など一族を国人家に入嗣するという手段をみてきた。この形式上は滅亡させないという観点から注目されるのが、一条氏対策である。

「御所体制」とその桎梏

土佐一条氏は、応仁・文明の乱*に際して京都から土

＊ **中村城**　幡多郡（四万十市）の城。土佐一条氏配下の為松氏が築城したと考えられている。一条兼定追放後、吉良親貞ついで谷忠澄らが預かり、長宗我部氏による幡多郡支配の拠点となっていた。

＊ **応仁・文明の乱**　一四六七〜一四七七年の大乱。畠山・斯波両管領家、さらに将軍家の家督争いがおこり、これらに細川勝元・山名持豊（宗全）が介入し、乱ははじまった。細川方（東軍）・山名方（西軍）による戦乱は京都を荒廃させた。

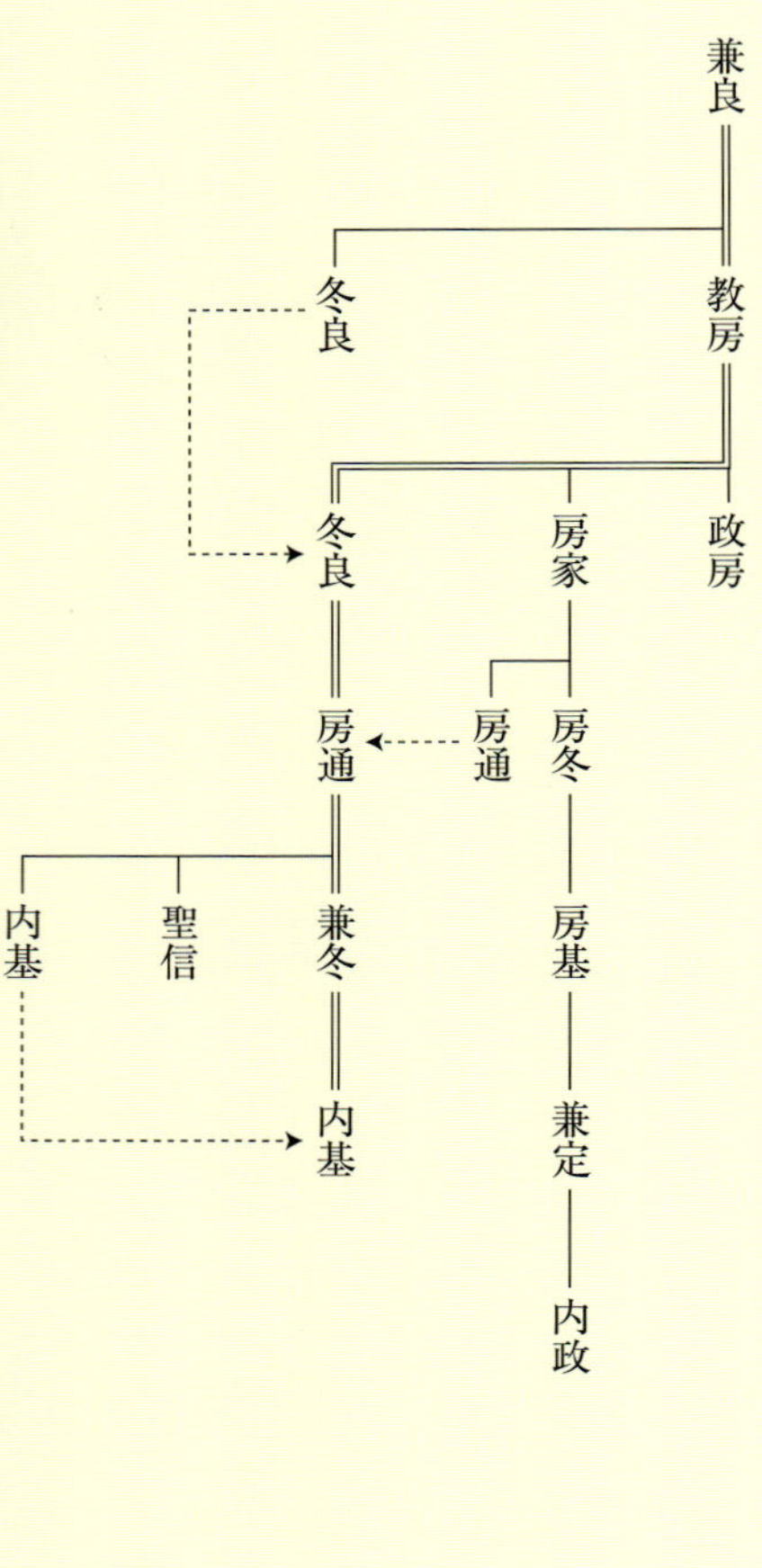

‖京都一条氏

朝倉慶景「土佐一条氏の動向」より

佐西端の幡多荘*に下向した前関白一条教房《のりふさ》*にはじまり、幡多郡中村を拠点として戦国大名化していった。一条氏はその貴種性ゆえに絶大な権威を誇り、一時は幡多・高岡の両郡を支配領域としていた。しかし、同氏は天正元年（一五七三）に長宗我部氏の圧迫をうけ、当主兼定を支持する反長宗我部派とその嫡子内政を支持する親長宗我部派との確執が生じていた。結局、兼定は家督を内政に譲り——兼定隠退は京都の一条本家の意向でもあったとみられている——、舅の大友義鎮を頼り豊後に

＊ **幡多荘**　現在の四万十市・宿毛市・土佐清水市・幡多郡のほぼ全域にわたる荘園。応仁・文明の乱の頃は一条家領であった。

＊ **一条教房**　一四二三～一四八〇年。五摂家一条家の関白兼良の長男。一四五八年に関白となる。応仁・文明の乱が勃発した一四六七年に弟の大乗院門主尋尊を頼って父とともに奈良に下向し、翌年には父と別れて幡多荘に下向した。

渡った。前述のように、兼定は旧領奪還を期したものの、渡川の戦いで長宗我部勢に敗れた。ただし、内政が家督を継承しており、土佐一条氏は滅亡したわけではなかった。以下、秋澤繁氏の研究に導かれつつ、この土佐一条氏の存在を前提とする特殊な支配秩序を紹介してゆこう（秋澤「織豊期長宗我部氏の一側面」）。

天正二年、元親は内政を中村から長岡郡南部の大津《おおつ》城に移し、さらに娘を内政の妻とした。「大津の御所《ごしょ》」と称されるようになった内政は、天正五年には十六歳で従四位下・右近衛中将に叙任された。この叙任が示すように、一条家の権威は依然として保持されていたのである。元親はこうした伝統的権威を土佐とくに西部の旧一条領の支配に活用したと考えられており、秋澤氏は一条氏を推戴するこの支配秩序を「御所体制」と命名した。

しかし、「御所体制」は元親にとってさまざまな点でリスキーであり、土佐国内の諸勢力との関係においてもそうであった。天正九年二月、元親は波川玄蕃《はかわげんば》*らの謀叛への加担を理由に内政を追放し、ここに内政を推戴する「御所体制」は崩壊した。ただし、これで土佐一条氏が断絶したわけではなかった。内政と元親娘との間には政親《まさちか》*という男子がおり、元親はこの政親を大津から長岡郡久礼田《くれだ》に移した。こうして「久礼田の御所」と称されるようになった政親は、九歳前後であったと推定される天正十四年十二月に従四位・摂津守に叙任された。その官位は土佐一条氏の先例と比べても見劣りせず、元親が天正十六年に侍従に任じられるまでは土佐における

---

* **波川玄蕃**　?〜一五八〇年。元親の妹婿。一五七九年に不届きを理由に籠居させられたことに不満をもち、謀反を企てたが、事前に発覚した。翌年、切腹したという。

* **一条政親**　生没年不詳。父は一条内政、母は元親娘。一六〇〇年の長宗我部氏改易とともに土佐を去ったようであるが、以後の消息は不明。

最高の権威を意味していた。政親の叙任は「御所体制」の復活を意味しており、これを実現できた人物として想定されているのは豊臣秀吉である。天正十四年十二月といえば、戸次川《へつぎ》の戦いで元親の嫡男信親が死去し、元親自身の安否も不明な状況だった。そのため長宗我部領国である土佐の動揺の防止措置として、秀吉は「御所体制」を復活させたと考えられている。この「御所体制」のもとでは、元親は政親を推戴する立場に位置づけられるのであり、右でみたように天正十六年までは官位にもとづく権威においても土佐一条氏につぐ立場にあまんじなければならなかった。こうした桎梏《しっこく》となった点でも「御所体制」は元親にとってリスキーだったのである。

ここでみた「御所体制」や先にみた国人家への一族の入嗣、これらは元親の土佐統一における重要な戦術であった。元親は、対抗勢力を軍事的に制圧するだけでなく、巧みに自己の勢力に取り込んでいったのである。土佐を統一した元親は四国制覇に歩を進めるが、「Ⅱ　四国制覇の戦い」で述べるように、その覇業においても軍事的な制圧だけでなく、入嗣を通じた同盟関係の構築など巧みな懐柔策をとってゆく。元親の四国制覇における戦術の秘訣はすでに土佐統一の過程で培われていたのである。

三　四国制覇の挫折と豊臣大名化

織田政権と元親

土佐一条氏を推戴する「御所体制」は元親にとってさまざまな点でリスキーであり、織田政権との関係においてもそうであった。ここでも秋澤繁氏の研究に導かれつつ、「御所体制」の存在をふまえて織田政権と元親との関係についてみておこう（秋澤「織豊期長宗我部氏の一側面」）。

織田信長に仕えていたことがある太田牛一《おおたうしかず》が著した『信長公記《しんちょうこうき》』＊には、元親に関する一見不可解な記述が存在する（天正八年六月二十六日条）。ここでは、陽明文庫《ようめいぶんこ》本を底本とする角川文庫版『信長公記』から、その読み下し文を引用してみよう。

（前略）土佐国捕佐せしめ候長宗我部土佐守、惟任日向守執奏にて御音信として御鷹十六聯《もと》、并に砂糖三千斤進上。（後略）

ここにみられる「捕佐」は、角川文庫版『信長公記』の脚注によれば、南葵文庫《なんきぶんこ》本では「輔佐」となっている。『日本国語大辞典第二版』をひいてみると、「捕佐」という項が確認できないのに対し、「輔佐」については「補佐・輔佐」の項が確認される。よって、南葵文庫本の「輔佐」という表記が正しいと考えられるものの、そうだとしても、「土佐国」を「輔佐せしめ候長宗我部土佐守」とはいったいどう

＊『信長公記』　一六一〇年頃に成立したと考えられる信長の伝記。「のぶながこうき」とも読み、『信長記』などの別称もある。正確な記事が多く、史料としての評価は高い。

いう意味であろうか。『日本国語大辞典第二版』では、「輔佐」について「たすけおぎなうこと。付き添って力を添えること。また、その役やその人」と説明されている。これを参考に問題の部分を意訳すると、「土佐国の支配をたすけおぎなわせている長宗我部元親」となろう。ならば、元親は土佐国の支配を「たすけおぎなう」地位にあり、その上位に何らかの存在が想定される。それは元親が「御所体制」で推戴する一条内政にほかならないであろう。さらに、「せしめ」という使役的・命令的な表現に着目するならば、織田政権は単に「御所体制」を承認していたのではなさそうである。むしろ、織田政権は四国制覇を進めていた大名長宗我部氏を服属・臣従させるために、土佐一条氏の支配を「輔佐」する武家にすぎない不完全な大名と位置づけようと企図していたと考えられているのである。

以上、秋澤氏の研究に導かれつつ、『信長公記』の記述について説明してきた。「御所体制」をふまえると、問題の一見不可解な部分はむしろ長宗我部氏の実像に関する貴重な証言であるといえる。さらに、元親の名字との関連でみた『多聞院日記』の記事で「土佐の一条殿の内一段武者なり」と述べられているのも納得がゆこう。元親をあくまで土佐一条氏の「武者」にすぎないとみなす認識が示すように、土佐一条氏を推戴する「御所体制」は織田政権の対長宗我部政策に利用されてしまうという点でもリスキーだったのである。

織田政権への服属・臣従といった観点からすると、『信長公記』の続く記述も注目される。元親は惟任日向守つまり明智光秀の*「執奏」によって鷹や砂糖を信長に「進上」している。「執奏」「進上」はあくまで織田政権側の牛一の認識にもとづく表現ではあるが、ここには織田政権と長宗我部氏の上下関係が示されていよう。そもそも、天正三年に光秀の仲介によって元親の長男信親が「信」の一字を信長から拝領している。織田政権と長宗我部氏との関係は当初から対等ではなく上下の関係だった。ただし、織田政権が元親の四国制覇を許容していたように、両者の関係はある時期までは良好であった。しかし、四国で長宗我部氏が台頭すると、そうした関係は「御所体制」とともに崩壊してゆく。

天正九年二月、先に述べたように元親は内政を追放し、内政を推戴する「御所体制」は崩壊した。秋澤氏は、これは織田政権と長宗我部氏との関係に「決定的な破綻を招来する一大契機」と指摘している（秋澤「織豊期長宗我部氏の一側面」）。この追放劇により、元親は織田政権への服属・臣従を拒否する意思を示すかたちになったのであり、織田政権との断交につながったというのである。天正九年六月の段階で織田政権は四国政策を大きく転換した（藤田達生『本能寺の変の群像』、同『謎とき本能寺の変』など）。

それまで信長は明智光秀を仲介者として長宗我部氏と友好関係を結んでおり、長宗我部氏による阿波・讃岐の三好勢力の掃討を承認していた。ところが、信長は急遽、三好康長《みよしやすなが》*らを援助するよう長宗我部氏に伝えたのであり、これは阿波・讃岐に

＊**明智光秀**　?～一五八二年。もとは足利義昭の家臣で、一五六八年から信長にも仕えるようになったとみられる。一五八二年、本能寺の変で信長を討つものの、山崎の戦い（京都府乙訓郡大山崎町・大阪府三島郡島本町）で秀吉に敗れ、逃走中に自刃した。

＊**三好康長**　生没年不詳。三好長秀の子で、三好長慶の叔父にあたる。一五七五年から信長に仕え、阿波の三好一族に対する影響力を活かして四国方面の戦線で貢献した。

おける長宗我部氏のプライオリティーの剥奪を意味しており、事実上の断交宣言ともいうべきものであった。その政策転換は秀吉の画策によるとみなされており、現に長宗我部攻撃の指揮をとったのも秀吉であった。秀吉は甥秀次*を三好康長の養子とするなどして三好氏と協力関係を結んでいたのである。このような政策転換に対して元親は四国制覇を進めるとともに織田政権への対決姿勢をとるようになる。なお、以前から長宗我部氏は織田政権と対立していた毛利氏との間に「芸土入魂」という友好関係を構築していた。

天正十年、信長は三男信孝*を指揮官とする長宗我部攻撃を計画していた。五月七日に信長は信孝に対して、讃岐は信孝、阿波は三好康長にそれぞれ与え、伊予・土佐の措置は自身が淡路に出陣した際に発表すると伝えていた。長宗我部勢力はすでに康長ら先遣部隊により阿波で劣勢に追い込まれており、本隊渡海が実現すれば危機を迎えていたであろうが、渡海の直前に本能寺の変*がおこったのである。変の一因は親長宗我部の立場をとっていた光秀が四国政策の転換により窮地に立たされた点に求められるのであり、その意味で本能寺の変は決して偶然この時期におこったのではなかった。危機を脱した長宗我部勢力は優勢となり、九月には三好勢力を統率していた十河存保《そごうまさやす》*を阿波から讃岐に敗走させる。

近年、天正九年六月の段階では織田政権と長宗我部氏とは断交していなかったとみる見解が提示された（尾下成敏「羽柴秀吉勢の淡路・阿波出兵」、平井上総「津田信張の岸

---

* **羽柴（豊臣）秀次**　一五六八〜一五九五年。父は三好吉房、母は秀吉の姉日秀。一五九一年には秀吉から関白職を譲られたが、一五九五年に謀反の企てを理由に切腹させられた。

* **織田信孝**　一五五八〜一五八三年。信長の三男。信長死後、柴田勝家と結び秀吉に対抗した。一五八三年、勝家は賤ヶ岳の戦い（滋賀県長浜市）で秀吉に敗れ、信孝は兄信雄の命により切腹した。

* **本能寺の変**　一五八二年六月二日、明智光秀が京都の本能寺で主君の織田信長を急襲して自害させた事件。同日、光秀は信長の長男信忠も二条御所で自害させた。

* **十河存保**　一五五四〜一五八六年。三好義賢（実休）の子。十河一存の養子となる。織田信長に仕え、一五

和田入城と織田・長宗我部関係」)。しかし、藤田達生氏は天正九年六月に断交したとみる自説を堅持している（藤田『証言本能寺の変』)。両論への賛否は保留せざるをえない状況にあるが、断交の時期がいずれであったとしても、本能寺の変勃発により元親が危機的状況を脱したのはまちがいない事実であることは確認しておきたい。

変ののち光秀を討った秀吉は信長の後継者争いでまず織田信孝・柴田勝家*、ついで織田信雄*・徳川家康と対立することになるが、その過程で秀吉は以前より自身が推進してきた長宗我部攻撃の方針を基本的に継続していた。天正十一年四月にも秀吉は讃岐引田に仙石秀久《せんごくひでひさ》の部隊を派遣するなど十河勢力を支援しており、以降もこうした反長宗我部勢力への支援は続いてゆく。このように、秀吉は四国政策に関しては長宗我部攻撃という方針を貫いており、元親にとって秀吉は織田政権の部将であった頃も含めてまさに不倶戴天《ふぐたいてん》の敵であった。その秀吉が自己の政権を確立した場合には、事実そうであったように本格的な長宗我部攻撃が開始されることになる。それゆえ、元親は信長の後継者争いが展開される過程で秀吉に対抗する者といった観点から、まず賤ヶ岳《しずがたけ》の戦いに際しては信孝・勝家と連携し、そして小牧・長久手の戦いに際しては信雄・家康と同盟する道を選んだ。ポスト信長をめぐる戦いに際して、元親は秀吉に対抗する者といった観点から同盟関係を構築していたのである（拙著『長宗我部氏の研究』)。こうした経緯があって、ポスト信長の座を射止めた秀吉は長宗我部氏に対する本格的な攻撃を天正十三年に実施することになった。

七八年には阿波に進攻する。一五八六年、戸次川の戦いで戦死した。

＊**柴田勝家**　一五二二～一五八三年。織田信長の重臣。信長死後、信長三男の信孝と結び秀吉に対抗した。一五八三年、賤ヶ岳の戦いで秀吉に敗れ、居城の越前北庄城（福井市）で自害した。

＊**織田信雄**　一五五八～一六三〇年。信長の次男。信長死後、一時は秀吉と協調していたが、一五八四年に家康と結び、小牧・長久手の戦い（愛知県小牧市・長久手市）で秀吉と戦った。

豊臣期における領国支配

天正十三年、秀吉は本格的な長宗我部攻撃を開始した。元親は同年の八月には秀吉に降伏し、土佐一国のみを安堵される。同盟者であった伊予の金子元宅*など徹底抗戦して戦死を遂げた者もいたが、元親自身が決戦にのぞむことはなかった。元親は四国をほぼ統一しており、四国随一の大名になっていた。その元親の降伏劇にしては、あまりに物足りないようにも思われよう。しかし、長宗我部攻撃に動員された諸将のそうそうたる顔ぶれをみれば、秀吉の軍事力と元親のそれとの関係がまさに多勢に無勢であったことがわかる。

阿波では、羽柴秀長・羽柴秀次が率いる部隊が土佐泊に上陸する。また、讃岐では、宇喜多秀家・蜂須賀正勝・黒田孝高が率いる部隊が屋島に上陸する。そして、伊予では、小早川隆景・吉川元長が率いる毛利勢が今治に上陸する。この三方面から上陸した部隊は阿波・讃岐・伊予の長宗我部勢力の城を次々と攻略していった。

このような戦況からすると、元親が阿波の白地城を本陣として一時は抗戦のかまえをみせたものの、決戦にはいたらなかったことにも合点がゆこう。あっけないほどの降伏劇を選択した元親の判断は、物静かで慎重な元親の人物像に相応しいといえるのではないか。長宗我部氏を、そして家臣たちを、さらに同盟者たちを滅亡に導いてしまうような勇猛果敢さよりも、「物事をゆっくりときちんとする」慎重さが求められた局面であったといえよう。

豊臣政権下の諸大名にはいわゆる「際限なき軍役」が課された（山口啓二『幕藩制

---

* 金子元宅　一五五一～一五八五年。伊予金子（愛媛県新居浜市）を本拠地として、宇摩郡（愛媛県四国中央市）・新居郡（愛媛県新居浜市・西条市）を勢力圏とした。元親とは同盟関係にあった。一五八五年の秀吉による長宗我部攻撃の際、伊予高尾城（西条市）で奮戦し、戦死した。

成立史の研究』、藤木久志『戦国大名の権力構造』)。元親が秀吉に降伏して以降、長宗我部氏にもやはり同様に「際限なき軍役」が課されることになる。元親の戦場はもっぱら四国の外になり、元親は国内統一戦では天正十四年の豊後戸次川の戦い*と同十八年の小田原攻め*に参加し、同二十年に開始された朝鮮出兵では文禄の役・慶長の役ともに約三〇〇〇の軍勢を率いて朝鮮に渡海した。こうした軍事行動を支えていたのは、戦国大名段階とは異なる領国支配体制の確立であった。ここでは、とくに重要な検地の実施、『長宗我部氏掟書』の制定、奉行人体制の整備についてみてゆくことにしよう。

豊臣政権下の一大名となった長宗我部氏は土佐全体で検地を実施した(以下、平井上総『長宗我部氏の検地と権力構造』など参照)。この検地はいわゆる太閤検地*の一環として、秀吉の命令にしたがって実施されたと考えられている。実際、検地では一反三〇〇歩制の採用や六尺三寸の間竿《けんざお》の使用などが示すように太閤検地の方式が導入されていた。しかし、検地によって作成された検地帳には石高が記載されていないのである。

こうした検地の状況からは、元親の統治が豊臣政権の方針にそって進められた側面とともに独自性を維持していた側面が看取されよう。この検地は①天正十五年から十八年に実行された惣国検地にあたる「天正総検地」、②「天正総検地」と並行して実行された再度の検地である「天正再検地」、③文禄四年(一五九五)以降に新

＊**戸次川の戦い**　一五八六年、豊後戸次川(大分市)でおこった戦い。大友氏救援のために派遣された豊臣勢は島津勢に敗れ、元親の長男信親や十河存保などが戦死した。

＊**小田原攻め**　一五九〇年、豊臣秀吉が北条氏の相模小田原城(神奈川県小田原市)を攻略し、同氏を滅亡させた戦い。この戦いに際して、長宗我部勢の二五〇〇人は水軍に編成されていた。

＊**太閤検地**　一五八二年から豊臣秀吉の命にしたがって実施された検地の総称。秀吉が任じた奉行が実施した検地のほか、毛利氏・長宗我部氏のような大名が実施した検地もあった。

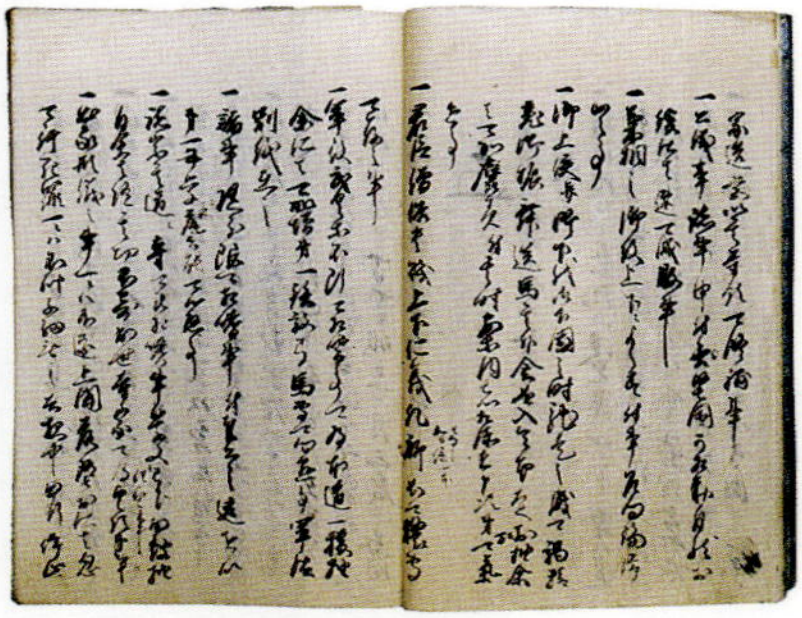

『長宗我部氏掟書』
高知県立歴史民俗資料館提供

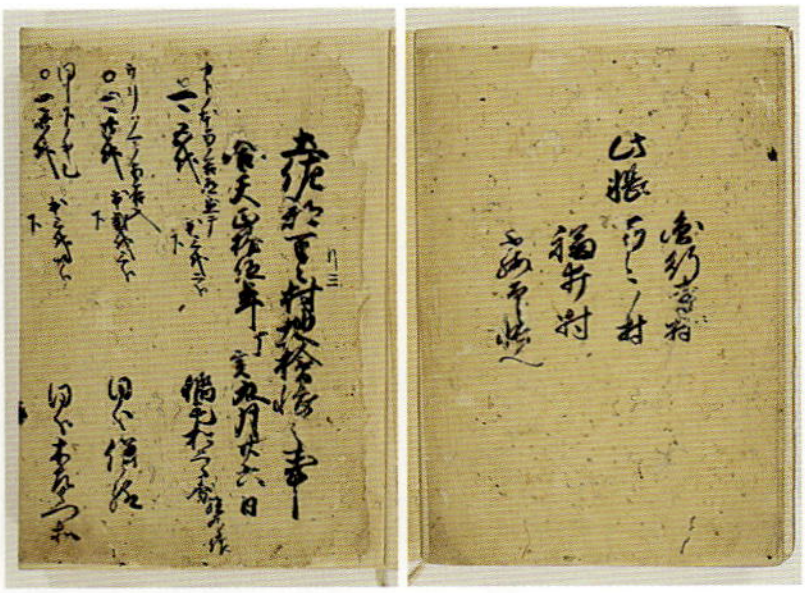

『長宗我部地検帳』
土佐山内家宝物資料館所蔵

田などを対象に実行された「文禄・慶長検地」、これら三つに区分される。

実施された検地の結果を示す検地帳が、『長宗我部地検帳』である。この『長宗我部地検帳』は三六八冊が現存しており、ごく一部を除く土佐全体の分がそろっている。このように検地帳が一国単位でまとまって残っているのは希有であり、国指定重要文化財に指定されている。刊本は高知県立図書館から全十九冊が刊行されており、この刊本をみても、長宗我部氏の検地がいかに大事業であったかが感じられる。

『長宗我部地検帳』とともに豊臣政権下の長宗我部氏の領国支配を象徴するのが、『長宗我部氏掟書』である。この分国法は慶長元年（文禄五年）十一月に九十九箇条が制定され、翌慶長二年三月に一条が追加されたとみられている。『長宗我部氏掟書』は一般には『長宗我部元親百箇条』として知られているが、これは原題ではなく、また九十九箇条であった可能性もある（『中世法制史料集第三巻武家家法Ⅰ』）。そのため、研究者の間では『長宗我部氏掟書』という呼称の方が使用されることが多い。

この分国法には戦国法の代表的存在である喧嘩両成敗法*の条文とともに、豊臣政権の方針にしたがって京枡《きょうます》*の使用を規定した条文もみられる。こうした特徴は、元親による土佐統治が戦国大名のそれから豊臣大名のそれへと変化してゆく過程を物語っていよう。その様相について奉行人組織などの支配体制に着目しつつ、述べてゆこう（以下、拙著『長宗我部氏の研究』参照）。

『長宗我部氏掟書』には奉行人《ぶぎょうにん》に関する次のような条文が存在する（第十一条の一部）。

国中七郡之内、三人奉行相定上者、彼奉行申付儀、諸事不可覃異儀事、

これを意訳すると、次のようになる。

「国中七郡」の内に「三人奉行」を定めたからには、この奉行たちが申し付ける事柄は何事によらず、異論をとなえてはならない。

土佐国は七郡より構成されているので、「国中七郡」というのは長宗我部氏の領国全体を指している。この条文からは、「三人奉行」が奉行人組織の上層部にあり、領国支配に関する強力な指揮権を有していたことがわかる。また、奉行人に関する別の条文では、国内各地に任じられた奉行人が独自に「置目《おきめ》」つまり掟を設けるこ

＊喧嘩両成敗法　喧嘩において暴力を行使した両当事者ともに同等に処罰すると定めた法。戦国大名今川氏の分国法『今川仮名目録』のそれは典型例とされている。

＊京枡　一五六八年、織田信長は京都を中心として使用されていた「京都十合枡」を公定枡とした。この枡は「京枡」と呼ばれ、その使用圏は豊臣期に拡大していった。

とが禁じられているので（六十四条）、長宗我部氏が中央集権的な奉行人組織を整備しようという志向を有していたこともわかる。

「三人奉行」をはじめとする奉行人の組織についてもう少し具体的にみてゆこう。「秦氏政事記《しんしせいじき》」*は、長宗我部氏の奉行人組織を理解するために不可欠な史料である。この史料には奉行人の職名と在任者の一覧、ついで代官・庄屋・刀禰《とね》に関する地域名と在任者の一覧が掲げられている。そして、最後に奉行人に関する諸規定が記載されており、奉行人が職務遂行上必要な情報を整理したものとみられる。

その奉行人の一覧によれば、長宗我部氏は安芸郡・中五郡（香美郡・長岡郡・土佐郡・吾川郡・高岡郡）・幡多郡の地区毎に奉行人を任命していた。このうち安芸郡は領国の東端、幡多郡は領国の西端であり、両郡の職名数は中五郡のそれに比べて著しく少ない。よって、中五郡の奉行人組織が中央機関であり、安芸郡・幡多郡のそれは出先機関だったのではないかと考えられる。その中五郡の諸奉行の冒頭に掲げられた「御地帳并《ならびに》諸帳奉行」は、豊永藤五郎《とよながとうごろう》*・山内三郎右衛門*・久万次郎兵衛*の三人である（「御地帳并諸帳奉行」を豊永・山内の二名、「御土蔵《どぞう》并茶《ちゃ》油《あぶら》蠟燭《ろうそく》奉行」を久万とする写本もある）。

さらに、豊永と山内は「御材木懸并人数遣奉行」を、久万は「御名田散田《みょうでんさんでん》公用奉行」を兼任している。この三名のうち豊永は「家老」久武親直《ひさたけちかなお》・非有斎《ひゆうさい》*とともに元親や盛親の留守時の領国支配を担っていた。また、豊永・山内・久万の三名が久

---

* **「秦氏政事記」** 末尾に慶長二年（一五九七）三月二十四日の日付と元親・盛親の花押影（花押の写）がある。長宗我部氏の領国支配を知るための重要な史料。

* **豊永藤五郎** 生没年不詳。長岡郡豊永郷（長岡郡大豊町）を拠点とした豊永氏の一族とみられる。戦国期から奉行人として活動しており、豊臣期には香美郡・長岡郡に給地を有していた。

* **山内三郎右衛門** 生没年不詳。一五八七～一五九〇年に実施された「天正総検地」の時期、土佐郡秦泉寺郷（高知市）に給地を有していたことが確認される。同郡の出身と推測されている。

* **久万次郎兵衛** 生没年不詳。「天正総検地」で検地役人をつとめていた。この検地の当時は、土佐郡久万

武親直・非有斎とともに訴訟の裁許に携わっていた事実も確認される。以上のようなことから、豊永藤五郎・山内三郎右衛門・久万次郎兵衛の三名が『長宗我部氏掟書』の「三人奉行」にほかならず、領国支配における重要な位置をしめていたといえる。しかし、彼らよりも重要な位置をしめていたのが、非有斎である。

非有斎は元親が帰依する滝本寺*の僧侶であり、元親の信頼をえた「出頭人」として領国支配において広範な権限を行使した。彼は右で述べたように、元親や盛親の留守時の領国支配を担い、事項によっては専決し、訴訟の裁許にも携わっていた。さらに、彼は領国各地の代官・庄屋・奉行人に対する命令権や浦戸城下に集住した奉行人に対する命令権も有していた。このような広汎な権限を有していたのは、ひとえに元親や盛親が彼を信頼していたからであり、当然のことながら彼が行使していた権限は、長宗我部氏が掌握していた権限である。こうしてみると、豊臣期において長宗我部氏は領国内権力を集中しつつあり、その権力を領国内に行使するために中央集権的な奉行人組織を整備し、実務的な指揮を非有斎に任せ、領国を支配させていたと考えられる。

ただし、平井上総氏はその権限の行使は元親や盛親ら当主の留守時に限定されたものであったと指摘する（平井『長宗我部氏の検地と権力構造』）。平井氏によれば、慶長二年に誕生した留守居体制は家臣団のうちでもっとも家格の高い「三家老」家の久武親直、「出頭人」の非有斎、それに「三人奉行」の一人豊永藤五郎で構成され

村（高知市）に居住していたとみられている。

＊**非有斎**　生没年不詳。谷忠澄の兄とする説がある。一宮（土佐神社）の神職の出とされる忠澄は、元親の重臣であり、幡多郡の奉行もつとめた。

＊**滝本寺**　長岡郡江村郷滝本村（南国市）にあった真言宗寺院。元親は旦那として同寺を保護し、三十五反余の寺領も与えていた。長宗我部氏改易後は、退転したと推測されている。

元親・盛親
- 留守居
  - 非有斎
  - 久武親直
  - 豊永藤五郎
- 三人奉行
  - 豊永藤五郎
  - 山内三郎右衛門
  - 久万次郎兵衛

慶長二年頃の
長宗我部権力中枢

戸次川遠景
高知県立歴史民俗資料館提供

ていた。この体制は、慶長の役による留守時に権限を委任するためにバランスを考慮したものであったと考えられている。

留守居の三名には、高い順に非有斎・久武親直・藤五郎といった順で序列があったことが明らかになっている（土居喜一郎「長宗我部氏の『新留守居制』と久武親直」）。この序列にあらわれているように非有斎は豊臣期における領国支配のキーパーソンであった。

継嗣問題と二頭政治

先に言及した「秦氏政事記」の最後に記載された奉行人に関する諸規定には元親だけでなく四男盛親も署名してお

り、また慶長二年三月の段階の『長宗我部氏掟書』にも元親だけでなく盛親も署名している。これらが示すように、元親晩年の長宗我部権力では元親・盛親による二頭政治がおこなわれていた。元親は、盛親を継嗣に定めていたのである。盛親が四男であるにもかかわらず継嗣となったそもそもの原因は、長男信親の死去であった。

天正十四年（一五八六）、豊臣秀吉は四国の諸大名に島津攻撃の先勢として出撃するよう命じた。この命にしたがって豊後に渡海した元親・信親父子は同年十二月に戸次川の戦いで島津勢と交戦し、信親は戦死してしまう。信親の戦死は元親そして長宗我部氏の前途に大きな影響を与えてゆくことになる。

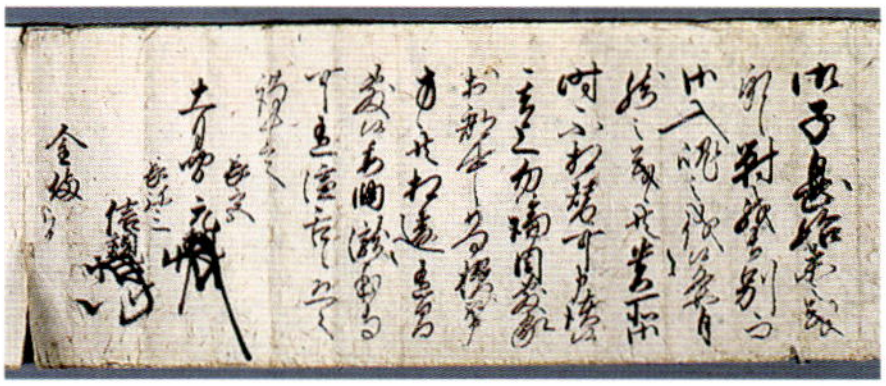
元親・信親の連署状
同前提供

ここで、信親が継嗣として期待されていた事実を確認しておこう。元親そしてその父国親の「親」の字の位置、元親の弟である香宗我部親泰・吉良親貞の「親」の字の位置、信親の弟である香川親和《かがわちかかず》*・津野親忠《ちかただ》の「親」の字の位置、これらからして、信親が家督継承予定者であったことはまちがいない。実際、何通かの元親・信親の連署状が確認されており、これらが示すように両人による二頭政治がおこなわれていた。やがて訪れる家督相続を前提として、元親は信親とともに政治・外交にあたっていたのである。ところが、その信親は戦死してしまった。元親はさぞや落胆し

* **香川親和**　?〜一五八七年。元親の次男。一五七九年、讃岐天霧（香川県善通寺市）を拠点とする香川信景の娘婿となり、同氏を継いだ。こうした姻戚関係は、元親の讃岐侵攻にとって有効であった。

たであろうが、ただし、元親には家督継承予定者の候補となる子息が他にもいた。

元親の子息すなわち信親の弟には香川親和（後述のように讃岐の香川氏に入嗣）・津野親忠、それに千熊丸《せんくままる》がいた。これらのうち三男津野親忠を支持する吉良親実*らと四男千熊丸を支持する久武親直*らとの対立が発生した。結局は、他家を継いでいなかった男子である千熊丸が選ばれた。この千熊丸こそが盛親であり、右でみた実名の「親」の位置からすると彼が継嗣であったことはまちがいない。元親は親忠を推した親実らを処分するが、親忠自身は高岡郡で知行宛行権を行使するなど独自の支配を維持していった。

親忠は印判状を多用しており、その支配は中世らしくないものとも評価できる（山室恭子『中世のなかに生まれた近世』）。元親ら他の長宗我部関係者が印判状をほとんど使用しない状況からすると、親忠は土佐においては先進的な支配を展開していたとも評価できるのである。しかし、それがあだとなったのであろう、元親は慶長四年（一五九九）三月に親忠を幽閉し、盛親は翌五年の関ヶ原合戦後に親忠を殺害する。こうした継嗣をめぐる長宗我部氏内部の確執があったため、盛親による家督相続は一挙には進まなかった。

文禄三年（一五九四）以降、元親発給の文書が減少するいっぽうで盛親発給の文書が急増してくる事実に注目して市村高男氏はこの頃に「事実上の代替わり」がおこなわれたとみている（市村「戦国の群雄と土佐国」）。実際、主従制の根幹にかかわる

＊**吉良親実**　一五六三～一五八八年。父は元親の弟吉良親貞、妻は元親の娘。信親死後の継嗣問題で元親と対立し、一五八八年（年代には諸説ある）に切腹を命じられたという。

＊**久武親直**　生没年不詳。久武氏は、長宗我部家臣団のうちでももっとも家格の高い「三家老」の家柄。一五七九年に戦死した兄親信のあとを継ぎ、次第に権勢をふるうようになった。

知行宛行権は遅くとも文禄三年八月には元親から盛親に委譲されているので、妥当な指摘といえよう。ただし、家臣たちは元親・盛親を「御両殿様」と呼んでおり、両人を区別する際には元親を「大殿様」、盛親を「若殿様」と呼んでいた。また、元親は盛親との連署状あるいは単独の文書により一定の権限を行使しつづけており、こうした状況は慶長四年五月の元親死去まで継続する（拙著『長宗我部氏の研究』）。先にみたように「秦氏政事記」と『長宗我部氏掟書』に両人が署名していることもふまえると、知行宛行権は移譲されたものの、他の権限は両人が共有していたと考えられる（平井上総『長宗我部氏の検地と権力構造』）。

四　元親そして長宗我部氏の最期

最後の戦い　元親にとって最後の戦いとなったのは、慶長の役における蔚山《ウルサン》の戦い*である。ところが、長宗我部関係の軍記物には蔚山の戦いに関する記述が一切ないためであろう、元親がこの戦いに参加したこと自体あまり知られていなかった。しかし、朝鮮出兵研究の進展によって、蔚山の戦い前後に関しては以下のような元親の軍事行動が明らかにされた（拙著『長宗我部氏の研究』）。

＊蔚山の戦い　一五九七年十二月二十二日〜翌年正月四日、朝鮮慶尚道の蔚山（蔚山広域市）であった戦い。日本側にとっては蔚山倭城を舞台にした籠城戦であり、激戦となった。

蔚山倭城跡

慶長二年（一五九七）十月末から元親は泗川《サチョン》倭城の普請にあたっており、同年十二月二十七日には在番の島津義弘*が入城し、元親も参加する祝宴が催されていた。まさにその日、蔚山の戦いの急報が泗川にもたらされたのである。蔚山倭城では浅野勢・毛利勢などが普請にあたっており、完成間近であったものの、同城は十二月二十二日から明・朝鮮の連合軍に包囲された。元親はともに泗川倭城の普請にあたっていた毛利吉政《よしまさ》*・池田秀雄《ひでお》*・中川秀成《ひでなり》*らの諸将と救援のために泗川を発ち、まず蔚山南方の西生浦《ソセンポ》に向かった。同地は西生浦倭城が築城された要衝の地であり、ここに十二月二十六日～翌年正月三日の間に各地から救援の諸将が続々と集結する。元親らの到着は正月一日申《さる》刻のことであった。ここで決定された「後巻《うしろまき》*そなへ之次第」によれば、救援部隊のほとんどは一番～三番に編成されているが、長宗我部勢一六〇〇人は池田勢（人数は不明）とともに「船手」に編成されている（『大日本古文書浅野家文書』）。この点は、元親が有していた軍事力の性格を解明するにあたり、重視すべきであろう。

長宗我部勢は小田原攻めでは二五〇〇人が水軍に編成されていた。また、文禄二年（一五九三）の第二次晋州《チンジュ》城攻撃に際して秀吉が示した陣立書でも「舟手衆」に

---

* **島津義弘**　一五三五～一六一九年。薩摩鹿児島（鹿児島市）を本拠地として薩摩・大隅・日向を支配した戦国大名島津義久の弟。豊臣期、子の久保・忠恒（家久）が島津氏の家督継承者となる。

* **毛利吉政**　一五七八～一六一五年。豊臣期の豊前小倉城（福岡県北九州市）の城主毛利吉成の長男。関ヶ原合戦の結果、毛利氏は改易され、吉成・吉政は土佐の山内氏に預けられる。吉政は大坂夏の陣に豊臣方として参戦し、大坂城において自害した。

* **池田秀雄**　一五二八～一五九八年。豊臣期の伊予今治城（愛媛県今治市）の城主。一五九七年に朝鮮で客死したとする説があったが、翌年までは生存していたと考えられるようになった。

編成されていた。さらに、慶長の役にあたり秀吉が諸大名に発給した朱印状でも、長宗我部勢は状況に応じて水軍に加わるよう指示されていた。こうした経緯をふまえると、元親が有していた軍事力は臨機応変に水軍として活動しうるものであったと想定される。じつは、秀吉は遅くとも小田原攻めの頃には、長宗我部氏も含む四国諸大名を水軍としての軍事力を期待できる大名とみなしており、慶長の役の段階でもこうした観点にもとづいて「四国衆」という集団として把握していた（拙稿「慶長の役における『四国衆』」）。ただ、その水軍としての共通性など具体像はいまだ不明であり、今後の研究がまたれる。

文禄の役・慶長の役どちらにおいても長宗我部勢の軍役人数が三〇〇〇人だったことからすると、蔚山倭城の救援で「船手」に編成された一六〇人はたしかに少数ではある。ただ、水軍ゆえの機動性を看過してはならないであろう。というのも、元親は各地から西生浦に集結した諸将のうちでもっとも早く蔚山に進軍しているのである。前述のように元親が西生浦に到着したのは正月一日申《さる》刻のことであったが、早くも二日巳《み》刻に元親は盛親とともに船三〇艘を率いて蔚山に到着している。ちなみに、同じ「船手」の池田勢の到着は同日未《ひつじ》刻であった（『大日本古文書浅野家文書』）。

正月二日に一番〜三番の部隊も蔚山に向かって押し出してゆき、三日には蔚山倭城の後巻の体制がほぼ整った。そのため、四日に総攻撃に失敗した明・朝鮮軍は包囲を解除し、撤退してゆき、蔚山の戦いは終了した。蔚山の戦いは日本側にとって

＊**中川秀成**　一五七〇〜一六一二年。豊臣期の播磨三木城（兵庫県三木市）の城主中川秀政の弟。文禄の役で秀政が戦死し、家督を継承する。のち豊後岡城（大分県竹田市）の城主となる。関ヶ原合戦に際して西軍に与した豊後臼杵（大分県臼杵市）の太田一吉を攻め、所領を安堵された。

＊**後巻**　味方を攻める敵を背後から取り巻くこと。蔚山の戦いでは、蔚山倭城を包囲した明・朝鮮軍を日本側の救援諸将が背後から包囲する作戦がとられた。

は凄惨をきわめた籠城戦であり、朝鮮出兵の諸戦のうちでもとくに著名な戦いの一つとなっている。この戦いにおいて元親の水軍が交戦した形跡はないものの、いち早く蔚山にあらわれた元親の水軍が籠城部隊に与えた心理的効果が大きかったであろうことは想像にかたくない。蔚山の戦いは、後世に語り継がれるような花々しい戦果を元親があげた合戦ではないが、ここで述べた元親の軍事行動の意義をふまえて、元親にとっての最後の戦いであったことを銘記しておくべきであろう。

元親の最期

最後の戦いをおえた元親が帰国したのは慶長三年（一五九八）五月頃のことであった。元親は、それから約一年後の慶長四年五月に伏見邸で病没する。その享年は、六十一であった。このように、元親にとってのいわゆる最期の戦いはない。ただし、長宗我部氏にとっての最期の戦いということでいえば、二つの戦いが該当する（拙稿「長宗我部元親の合戦　研究最前線」）。その一つは、大名としての地位喪失に着目した場合の慶長五年の関ヶ原合戦である。今一つは、武家としての家名の断絶に着目した場合の慶長二十年（元和元）の大坂夏の陣である。これらには元親の四男で家督を継いだ盛親が参戦し、いずれにおいても敗北を喫した。こうした長宗我部氏にとっての最期の戦いを見届けることなく、元親は自身の最期を静かに病床で迎えられたといえるかもしれない。しかし、長宗我部氏の最期を考えると、元親は安らかに永眠したわけではなさそうである。

「しと〱」と詠じられたように物静かで慎重な人物だった元親と異なり、継嗣

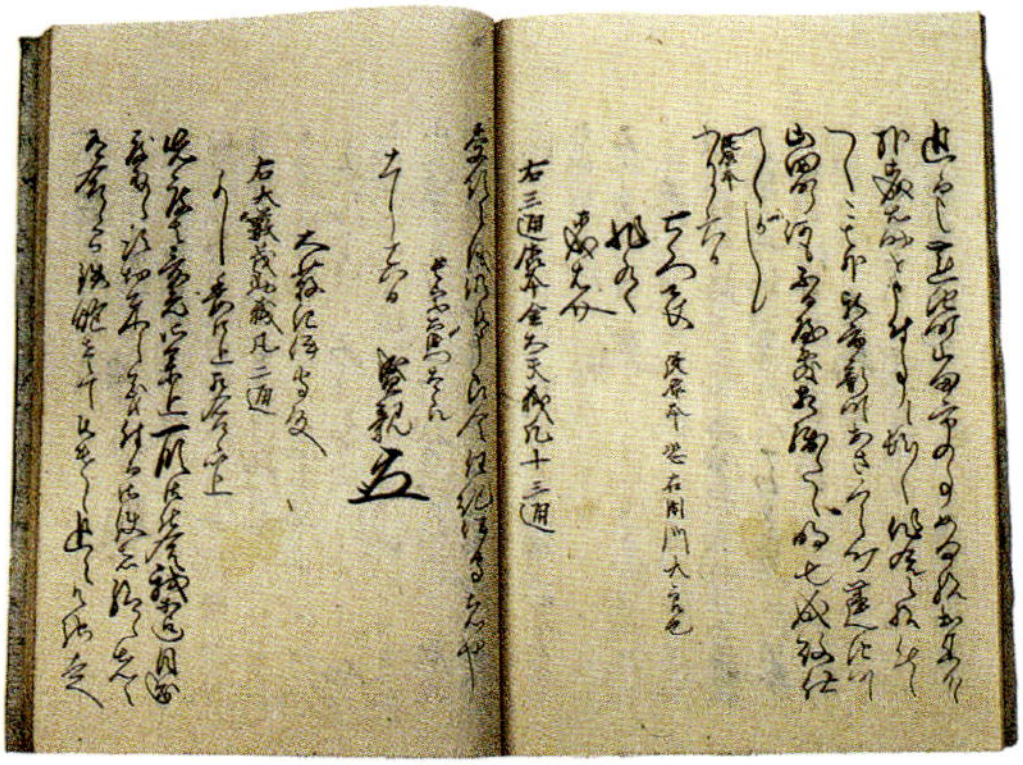

盛親の「四月六日付の書状」
高知県立歴史民俗資料館蔵　文禄四年以降と推測される

盛親には性急さがみられる。ここでは、その一例として、浦戸城下の整備に関する盛親の命令をあげておこう（拙著『長宗我部氏の研究』）。長宗我部氏は本拠を岡豊から大高坂《おおだかさ》に移していたが、朝鮮出兵に対応すべく天正十九年頃より浦戸の拠点化を開始する（市村高男「戦国の群雄と土佐国」、中井均「織豊系城郭の地域的伝播と近世城郭の成立」など）。

その一環として、盛親は大高坂に移転されていた市町の浦戸への再移転を計画しており、市町に対する恫喝も交えて遂行を非有斎ら担当者に四月六日付（文禄四年以降と推測される）の書状で命じた（『高知県史古代中世史料編』）。その恫喝とは「相残候ハヽ、明七成敗仕候へく候」つまり「移転しないで残っていたならば、明日七日に成敗する」というものであった。命令の翌日に移転していなければ成敗するというのはあまりにも性急ではなかろうか。ほかにも、この頃の盛親が発給した文書には「即時ニ可成敗候《せいばいすべくそうろう》」「即時くひをきり候へく候」つまり「すぐに成敗する」「すぐに首を切る」のように厳しい言葉が散見する（『高知県史古代中世史料編』）。

豊臣期の諸大名にとって秀吉から課される軍役を果たすことは至上命令であった。長宗我部氏の場合とりわけ朝鮮出兵に対応すべく浦戸の拠点化を急ぐ必要があり、こうした事情が盛親を駆り立てていたのであろうが、盛親には資質としての性急さが看取される。父元親と息子盛親は親子とはいえ、随分と気性がちがっていたと判断してよいだろう。このことはおそらく豊臣政権も知るところとなり、盛親の継嗣そして大名当主としての認知に影響を与えたと考えられる。

本書では信親死去後に継嗣となったのは盛親であると述べてきたが、厳密には、元親をはじめとする長宗我部氏内部の人間にとっては継嗣となっていたというべきかもしれない。盛親の名乗り「右衛門太郎」、実名の「盛」はそれぞれ烏帽子親《えぼしおや》*の増田右衛門尉長盛《ながもり》*に由来するとされている。もしそうならば、兄信親が信長から「信」を拝領したことと比較すると、豊臣政権は盛親をかなり安く値踏みしているように思われる。何より、元親そして長宗我部氏にとって深刻だったのは、元親の最期の段階でも、さらにその後も盛親の名乗りが「右衛門太郎」のままであったことではないだろうか。盛親を「土佐守」と呼ぶ例も確認されるが、これは他の四国の大名の官途名が影響して生じた誤解によるものと考えられる。正式には、盛親は「右衛門太郎」のままだった。

父元親が侍従であったことが示すように、「右衛門太郎」は豊臣政権下の大名あ

＊ **烏帽子親**　男子が元服する際に有力者を仮親にして烏帽子を冠してもらう風習があり、この仮親を烏帽子親と呼ぶ。また、烏帽子親は元服する男子に名をつけた。

＊ **増田長盛**　一五四五〜一六一五年。豊臣秀吉の重臣で、一五九八年の秀吉死去の際にいわゆる「五奉行」となる。関ヶ原合戦に際して西軍に与したため、領地を没収された。

るいはその後継者には相応しくない。しかるべき官職の有無に関する限り、盛親は豊臣政権から継嗣および大名当主として認知されていなかったと考えるほかあるまい（拙著『長宗我部氏の研究』）。元親は、盛親の性格と政権の認知に関する一抹の不安をおぼえながら、永眠することになったであろう。そしてそのような不安が杞憂ではなかったのは、元親の死後における長宗我部氏の運命が証言するとおりである。

長宗我部氏の最期

長宗我部氏にとっての最期の戦いは、大名としての地位喪失に着目するならば慶長五年の関ヶ原合戦であったといえよう。元親が戦国期に統一し、さらに豊臣期には新たな領国支配体制のもとで支配した土佐は、彼の死後には盛親へ譲られていた。しかし、関ヶ原合戦後に長宗我部氏は改易され、大名としての存続を否定された。ただし、のちに説明するように関ヶ原合戦でいわゆる西軍に与したことが改易の直接の原因ではない。浪人の身となった盛親は大名への復帰をめざし、徳川氏に働きかけたものの、この活動は功を奏さなかった（平井上総「浪人長宗我部盛親と旧臣」）。そこで、盛親は

長宗我部盛親墓
京都蓮光寺　高知県立歴史民俗資料館提供

起死回生をねらって二度の大坂の陣に豊臣方として参戦したが、敗北を重ねた。

武家としての家名の断絶に着目するならば、長宗我部氏の最期の戦いは二度目の大坂の陣つまり慶長二十年（元和元）の大坂夏の陣であったといえよう。この戦いで敗れた盛親は同年五月に京都六条河原で斬首された。その享年は、四十一であった。盛親の息子五人はいずれも殺害されたようで、盛親の代で長宗我部氏の武家としての家名は途絶えることになった。

ここで、近年の研究を参考にして、長宗我部氏改易の原因を説明しておこう（以下、平井上総「関ヶ原合戦と土佐長宗我部氏の改易」参照）。従来、改易の理由は盛親が慶長五年に関ヶ原合戦で西軍に与したことや、合戦直後の兄津野親忠殺害により盛親が徳川家康の勘気をこうむったことであるとされてきた。

しかし、徳川・長宗我部の両氏の間では盛親「減転封」で合意が形成されていたにもかかわらず、「浦戸一揆*」が起きたことこそ主因であった事実が明らかにされた。家康家臣の井伊直政*は「減転封」にともなう浦戸城接収のために自身の家臣鈴木重《しげ》好《よし》*を土佐に派遣したが、この接収に抵抗して「浦戸一揆」がおこる。長宗我部家臣団には抗戦派が存在しており、それらが蜂起したのである。結果、この一揆は公儀に対する反抗と判断され、公儀を運営していた家康は一揆を招いてしまった長宗我部氏を改易せねばならなくなった。

ここで注目すべきは、津野氏・吉良氏の関係者が一揆に関与していた事実であろ

＊「浦戸一揆」　一六〇〇年一二月三日頃に土佐浦戸（高知市）でおこった騒動。盛親の「減転封」に反対する長宗我部家臣らは、盛親の居城であった浦戸城の接収に反対して蜂起した。

＊井伊直政　一五六一～一六〇二年。徳川家康の重臣。関ヶ原合戦の戦後処理では、土佐国の没収だけでなく、石田三成の佐和山城（滋賀県彦根市）の攻略、毛利輝元降服の斡旋などもおこなった。

＊鈴木重好　生没年不詳。井伊直政の子直継の代に井伊家中で権勢をふるった。一六〇五年、井伊家の重臣らによって数々の不正を幕府に訴えられ、家中から追放された。

う。継嗣問題を契機として両氏は長宗我部氏により圧迫されており、一揆にはこうした関係者の暴発としての一面もあったと考えられている。こうしてみると、親忠殺害は改易の理由ではなさそうだが、津野氏・吉良氏といった一族への圧迫が改易の遠因となっている。つまり、一族への圧迫は改易の一因となったと考えられるのである。四国制覇の途上にあった元親は吉良親貞・香宗我部親泰・津野親忠など信頼しうる一族に恵まれていたものの、豊臣期の元親は継嗣問題などを契機として一族を排除してしまった。このことが、大名としての長宗我部氏の滅亡の一因となったといえよう。

人物相関図

[伊予]

・金子元宅〈同盟〉
・曽根宣高〈同盟〉
・平出雲守〈同盟〉
・河野通直〈敵対〉

[讃岐]

・香川信景〈同盟〉
・香川親和〈同盟〉
・羽床資載〈同盟〉
・十河存保〈敵対〉

[阿波]

・日和佐肥前守〈同盟〉
・四宮肥後守〈同盟〉
・森村春〈敵対〉
・篠原甚五〈敵対〉

《織田政権》

・織田信長〈友好〉
↓
〈敵対〉
・明智光秀〈友好〉
・羽柴秀吉〈敵対〉

⇩

《豊臣政権》

・豊臣秀吉〈敵対〉
↓
〈友好〉
・増田長盛〈友好〉
・垣見一直〈友好〉

元親

【長宗我部氏】

兄弟
・親貞（弟）⇒吉良氏
・親泰（弟）⇒香宗我部氏

子息
・信親（長男）ー戦死
・親和（次男）⇒香川氏
・親忠（三男）⇒津野氏
・盛親（四男）ー継嗣

[四国外]

・毛利輝元〈友好〉
・島津義久〈友好〉

[阿波][讃岐][伊予][四国外]の諸氏との関係は、おおむね天正13年（1585）7月以前の状況。

人物相関

吉良親貞《ちかさだ》（一五四一〜一五七七）
長宗我部国親の次男、元親の弟。土佐吾川郡弘岡の吉良城を拠点とする吉良氏を継いだ。土佐統一戦の西部戦線を担当し、一条兼定追放後には中村城を預かった。死去を一五七六年とする説もあったが、翌一五七七年に生存していたことが確認された。子親実は元親長男の信親死後におこった継嗣問題で元親と対立し、一五八八年に切腹を命じられたという。

香宗我部親泰《ちかやす》（一五四三〜一五九三）
長宗我部国親の三男、元親の弟。土佐香美郡の香宗城を拠点とする香宗我部氏を継いだ。のち安芸城を預かり、土佐統一戦の東部戦線を担当する。四国制覇戦では阿波の侵攻を担当し、同国の日和佐氏との同盟関係樹立に貢献した。一五八四年、小牧・長久手の戦いに際する織田・徳川氏との交渉にもあたった。一五九三年、文禄の役で朝鮮に向かう途中、長門で病没したという。

長宗我部信親《のぶちか》（一五六五〜一五八六）
元親の長男。実名の「信」は織田信長から賜った。元親と二頭政治をおこない、家督継承者と目されていたが、一五八六年に豊後戸次川の戦いで戦死した。そのためにおこった継嗣問題で、元親は性急な質の四男盛親を継嗣に選んでしまう。この判断が長宗我部氏滅亡を招いた。信親の死は、長宗我部氏滅亡の原因となった。

香川親和《ちかかず》（?〜一五八七）
元親の次男。一五七九年、讃岐天霧を拠点とする香川信景の娘婿となり、同氏を継いで、讃岐西部を支配した。一五八五年に元親が秀吉に服属すると、父信景とともに土佐の長岡郡江村郷へ移住した。

津野親忠《ちかただ》（?〜一六〇〇）
元親の三男。土佐高岡郡の姫野々城を拠点とする津野勝興の養子となり、同氏を継いで、高岡郡を支配した。長兄信親の戦死により生じた継嗣問題では、弟盛親の対立候補となった。一五九九年には元親によって香美郡岩村に幽閉される。翌年の関ヶ原合戦後、盛親の意向によって殺害された。

長宗我部盛親《もりちか》（一五七五〜一六一五）

元親の四男。長兄信親の戦死により、家督を継承することになる。元親と二頭政治をおこなったが、豊臣政権からは当主として認知されていなかったとみられる。関ヶ原合戦では西軍に与し、関ヶ原東南の栗原山に陣をしいたものの、東軍に内通していた吉川広家の不動にひきずられるかたちで傍観し、伊勢方面に敗走した。大坂夏の陣で豊臣秀頼についていたため、京都の六条河原で処刑された。

織田信長（一五三四〜一五八二）

「天下統一」を進めた武将。元親の長男信親が偏諱《へんき》を賜っていることが象徴するように、長宗我部氏とは友好関係にあった。しかし、羽柴秀吉の画策によって四国政策を転換し、一五八二年には三男信孝を指揮官とする四国攻撃を命じた。その実施直前の同年六月二日、親長宗我部の立場をとっていた明智光秀に本能寺で急襲され、自害する。

明智光秀（?〜一五八二）

もとは足利義昭の家臣で、のち織田信長にも仕えた武将。元親の長男信親が信長から偏諱を賜った際に仲介するなど、織田政権と長宗我部氏との友好関係を支えていた。一五八二年、本能寺の変で信長を討った理由の一つは、織田政権の四国政策の転換により窮地に立たされたことである。変後、山崎の戦いで羽柴秀吉に敗れ、自刃する。

豊臣（羽柴）秀吉（一五三七〜一五九八）

「天下統一」を達成した武将。織田信長が四国政策を転換し、元親と敵対するようになったのは秀吉の画策による。そのため、元親はポスト信長をめぐる賤ヶ岳の戦いや小牧・長久手の戦いで秀吉に対抗する勢力に与した。こうした経緯もあり、一五八五年に長宗我部氏に対する本格的な攻撃を実施し、元親を降伏させる。以後、長宗我部氏を「際限なき軍役」に動員した。

増田長盛（一五四五〜一六一五）

豊臣秀吉の重臣。一五九六年、サン＝フェリペ号漂着に関する元親からの報に接した秀吉によって、積荷没収のために土佐浦戸に派遣された。『土佐物語』では、盛親の烏帽子《えぼし》親とされている。秀吉死後、いわゆる「五奉行」として公儀運営に携わる。一六〇〇年の関ヶ原合戦では、盛親と同じ西軍に属し、領地を没収された。

森　村春《むらはる》（一五四二〜一五九二）

阿波土佐泊を本拠地とし、水軍を率いていた武将。木津城主篠原自遁の一族とみられる篠原甚五とともに土佐泊城で長宗我部勢力に抵抗しつづけた。蜂須賀家政が阿波に入部すると、椿泊に移される。文禄の役で渡海し、朝鮮で客死した。

十河《そごう》**存保**《まさやす》（一五五四〜一五八六）

三好義賢（実休）の子で、十河一存の養子となる。織田信長に仕え、一五七八年には阿波進攻を開始した。一五八二年に中富川の戦いで長宗我部勢に敗れ、勝瑞城に籠城したが、讃岐十河城に敗走する。一五八四年、この十河城も長宗我部勢によって攻略される。ただし、その直前に脱出し、虎丸城にいたり、長宗我部勢力に抵抗しつづけた。一五八六年、豊後戸次川の戦いで戦死した。

金子元宅《もといえ》（一五五一〜一五八五）

伊予金子を本拠地としていた武将。伊予東部の宇摩郡・新居郡を勢力圏とし、元親とは同盟関係にあった。一五八五年、秀吉の命によって伊予に上陸した毛利勢と戦い、伊予高尾城で戦死する。その際、長男宅明をはじめとする子息や主家の石川虎竹らは土佐に逃れ、元親の保護をうけることになった。

河野通直《みちなお》（一五六六〜一五八七）

伊予湯築城を拠点としていた武将。河野氏は伊予の守護家。一五八五年春には元親に降伏したとされていたが、実際には姻戚関係にあった毛利氏の支援をうけながら長宗我部勢力に抵抗しつづけた。しかし、同年元親が秀吉に降伏すると、伊予には小早川隆景が入部する。一五八七年、安芸竹原に退去して、まもなく死去した。

毛利輝元（一五五三～一六二五）

中国地方の大名。一五六三年に父隆元の急死によって家督を相続し、祖父元就が整えた両川体制（吉川元春・小早川隆景が毛利氏に協力する体制）のもと中国地方で勢力を伸ばす。織田信長に対抗し、元親とは「芸土入魂」という友好関係にあった。しかし、一五八二年に本能寺の変を知らずに高松城講和を結び、やがて秀吉配下に組み込まれた。一五八五年、秀吉の命による長宗我部攻撃には叔父の小早川隆景と従兄弟吉川元長が参加した。秀吉死後、いわゆる「五大老」として公儀運営に携わる。一六〇〇年の関ヶ原合戦では、盛親が与した西軍の中心人物となっていた。

島津義久（一五三三～一六一一）

九州地方の大名。薩摩鹿児島を本拠地として薩摩・大隅・日向を支配したが、一五八七年に日向で羽柴秀長の軍勢に敗れ、豊臣秀吉に降伏する。一五七六年、義久は土佐船の送還を機に廻船往来を元親に提案し、これ以降長宗我部氏と島津氏との交易がはじまったと考えられている。一五八六年には、元親は秀吉から島津攻撃を命じられたにもかかわらず、大船を島津氏に進上している。しかし、皮肉なことに、同年の豊後戸次川の戦いで長宗我部勢は島津勢と激突し、元親の長男信親が戦死した。

コラム　元親の花押

花押《かおう》の由来や変遷などを検討すると、それを使用した人物に関する様々な知見がえられる。元親の花押が何に由来するのかは不明であるが、その特徴は長く右下に伸びる線であり（図版参照〈1〉）、こうした筆致は次第に勢いが強くなっていったと指摘されている（野本亮「試論　長宗我部元親発給文書に関する若干の考察」）。「しと〳〵」と詠じられるような物静かで慎重な元親の人物像からすると、威勢がよい感じの花押は意外なように思われる。この点で興味深いのは、本文でもみた文禄三年（一五九四）八月二十一日付の伏見《ふしみ》大光明《だいこうみょう》寺《じ》勧進帳《かんじんちょう》（『相国寺蔵西笑和尚文案自慶長二年至慶長十二年』）の元親花押である。

勧進帳には諸大名が連署しており、元親も「長宗我妻」のもとに花押をすえている（図版参照〈2〉〈3〉）。この花押もやはり右下に伸びる線は長く、右どなりの生駒親正《いこまちかまさ》の花押と重なっている。いっぽうの親正の花押は左横に長く伸びているので、花押の重なりはお互いさまといったところであろうが、同じ四国の大名同士で虚勢をはっているようにも思われる。

しかし、元親の人物像からすると、そうではなさそうである。想像を逞しくして、勧進帳の元親花押について思うところを述べてみたい。右下に伸びる線の長さと〝とめ〟の筆遣いからは、「しと〳〵」と評された人物像がしのばれるように思われる。元親はいつもどおり「ゆっくりときちんと」花押をしたためたのではないか。そのためいつもどおり右下に線が長く伸び、結果、親正の花押に重なってしまったのではないか。他人の花押の存在に動じることなく、物静かに慎重に花押をすえる五十代半ばの元親の姿が思い浮かぶ。

博物館や資料館などの展示・図録で元親が発給した文書をみる機会があれば、是非とも右下に伸びる線に留意しながら花押を注視していただきたい。ちょっとした真偽鑑定の気分も味わうことができるであろう。

元親花押（1）　高知県立歴史民俗資料館提供

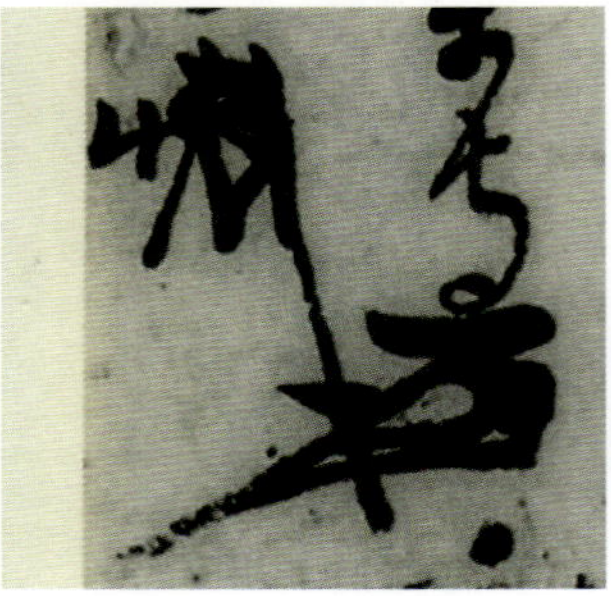

元親花押（2）　「伏見大光明寺勧進帳」より

一〃三拾石　〃北のしやう（庄）侍従殿（堀秀治）（花押）
一〃参拾石　〃大さき（崎）の侍従殿（伊達政宗）（花押）
一〃三拾石　〃出羽（最上義光）の侍従殿（花押）
一〃参拾石　〃生駒（親正）雅楽守（花押）
一〃参拾石　〃長宗我（部）妻（元親）（花押）

元親花押（3）　「伏見大光明寺勧進帳」より

II

四国制覇の戦い

河野氏の本拠であった湯築城

一　元親の四国制覇

四国統一説　長宗我部《ちょうそかべ》元親《もとちか》は四国統一を成し遂げた戦国武将である。いまなお、この一文に違和感をもつ方はむしろ少数派なのではないだろうか。つまり、四国統一説は一般にはいまだ根強く信じられているといえよう。それはもっとも重要な先行研究であり、本書もその恩恵にあずかっている山本大『長宗我部元親』が広く、そしてながく読まれてきたからであろう。この不朽の名著が以降の長宗我部氏研究に絶大な影響を与えており、長宗我部関連の書籍では必ずといってよいほど参考にされている。まず、その『長宗我部元親』の記述を引用しつつ、四国統一の経過とそれにかかわる山本氏の発言を整理してみよう（頁数は同書のもの）。

土佐　天正三年（一五七五）七月に元親は甲浦城《かんのうら》*を奪取し、「名実共に土佐国内の統一をなしとげた」（五九頁）。

阿波　天正十年九月に勝瑞城《しょうずい》*の十河存保《そごうまさやす》が讃岐に敗走し、岩倉城*も落城したことで「阿波一国の完全制覇」がなった（九六頁）。

讃岐　天正十二年六月に十河城《そごう》《（そがわ）》*・虎丸城《とらまる》*などの諸城の陥落によって、「全讃岐の制覇」がなった（一一〇頁）。

＊**甲浦城**　土佐安芸郡（安芸郡東洋町）の城。一五七五年に長宗我部勢が奪取するまでの城主は、惟宗国長であったとされている。

＊**勝瑞城**　阿波板野郡（徳島県板野郡藍住町）の城。一五八二年に十河存保が当城から敗走したのち、放棄されたとみられている。

＊**岩倉城**　阿波美馬郡（徳島県美馬市）の城。一五八二年に長宗我部勢が奪取するまでの城主は、三好康長の子徳太郎であったとされている。

＊**十河城**　讃岐山田郡（香川県高松市）の城。一五八四年、長宗我部勢の攻撃により陥落する。前々年に勝瑞城を逐われた十河存保は当城に入っていたが、陥落直前に脱出した。

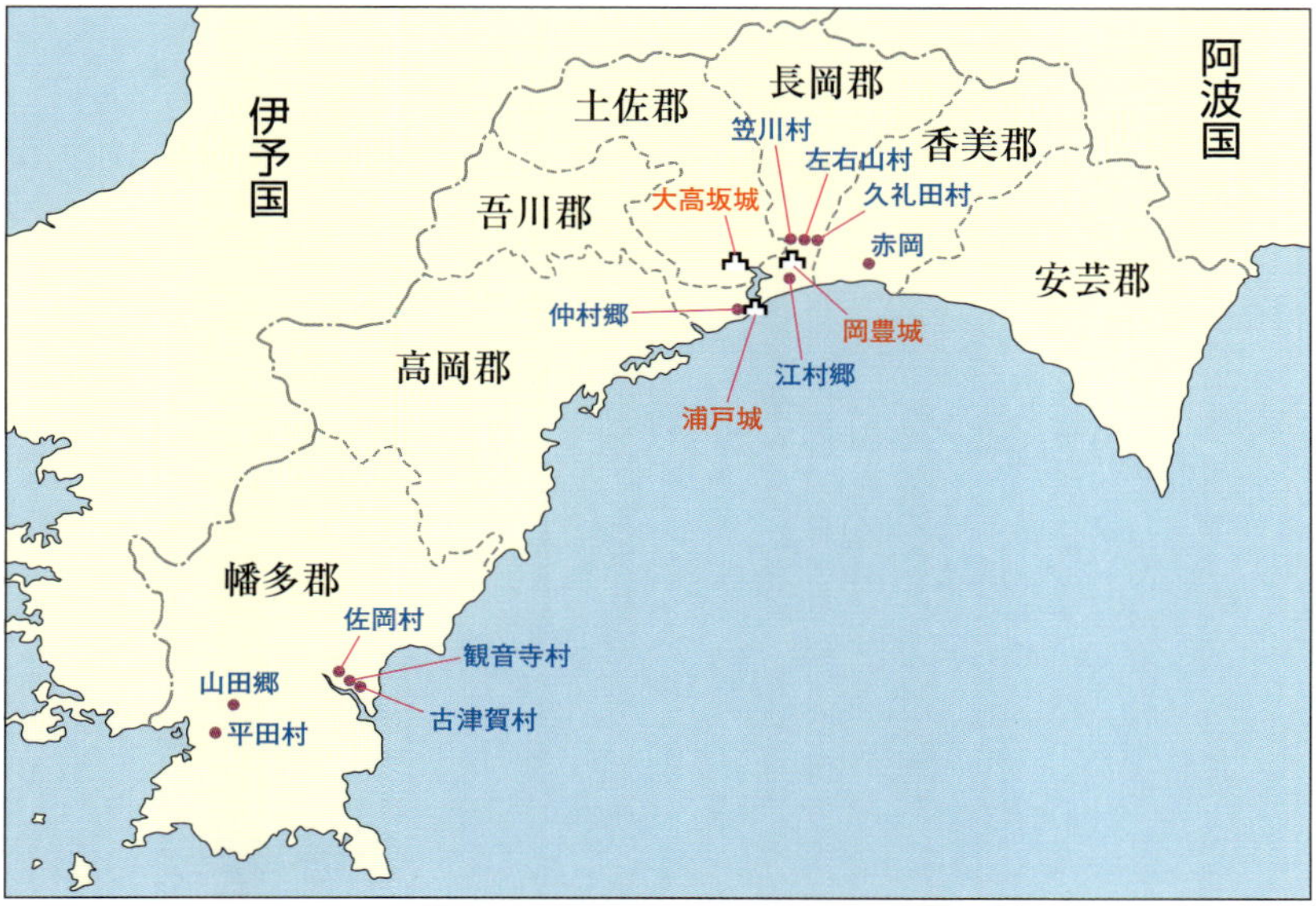

土佐の地図

伊予　天正十三年春に河野氏が降伏し、西伊予の諸将も抵抗をやめたので、「全伊予の平定」がなった（一一七頁）。

山本氏はこれら四カ国に関する見解を前提として、「元親の四国統一には、実に十年の歳月を要した」（一一七頁）と四国統一説を提唱したのであった。

しかし、一九九一年に発表された藤田達生氏の論文により、河野氏が降伏していなかった事実が明らかとなった（藤田『日本近世国家成立史の研究』）。「全伊予の平

＊ **虎丸城**　讃岐大内郡（香川県東かがわ市）の城。一五八四年、十河城を脱出した十河存保は当城に入り、長宗我部勢力に抵抗しつづけた。結局、当城は落城しなかった。

定」が否定されたのだから、当然、四国統一説も成立しないことになる。さらに、この藤田氏の研究に触発されて著者は二〇〇五年に発表した論文において阿波・讃岐の状況を再検討し、「阿波一国の完全制覇」「全讃岐の制覇」が成し遂げられていなかった事実を指摘した（拙著『長宗我部氏の研究』）。このように、学界においては元親による四国統一を否定する説が提示されて久しい。ところが、四国統一説の呪縛はなかなか強固であり、藤田説や私見には反論が提示されている（桑名洋一「長宗我部氏の讃岐進攻戦に関する一考察」、同「『長宗我部氏の四国統一』についての一考察」、川島佳弘「小牧・長久手の合戦と伊予の争乱」、中野良一「湯築《ゆづき》城跡出土の瓦について」、同『湯築城跡』など）。しかし、藤田説そして私見ともに撤回の必要はないと考えている（拙著『長宗我部氏の研究』）。

四国統一と四国制覇

ここで、瑣末なようではあるが、「統一」「制覇」の違いについて述べておきたい。本章のタイトルをはじめとして、本書では四国制覇という表現を使用している。なぜなら、山本著書には「四国制覇をなしとげた元親」（一一七頁）という記述もあり、この四国制覇は四国統一とは異なり、あらたに解明された伊予さらに阿波・讃岐の状況と齟齬《そご》をきたさない表現と考えるからである。「制覇」とは「覇権を制すること」「競争の相手をおさえつけて権力をにぎること」である（『日本国語大辞典第二版』）。また、「覇権」とは「軍事力や経済の実権を掌握することによって得られる、近隣の国にまで及ぶ支配力」という意味である（同前）。

いっぽう、「統一」とは「一つにすべ合わせて支配すること」「統合」である（同前）。こうした「制覇」「統一」の意味からすると、四国制覇の場合には「完全」などの修飾はさけるべきであり、また四国統一の場合には「ほぼ」と限定するのが妥当であろう。

ところで、四国統一という表現そして四国統一説にさしたる異論が唱えられてこなかったのはなぜだろうか。それは、元親だけでなく戦国大名たちが「天下統一」を目指しており、その前提として各地方の「統一」を進めていたと想定されてきたからではないだろうか。しかし、この想定はしかるべき裏付けを欠いた漠然としたものである。近年では織田信長の「天下統一」は戦国大名による地域の制覇とは別次元のものであり、戦国大名たちが「天下統一」を目指していたと考えてはならないとの見解が提示されている（藤田達生『信長革命「安土幕府」の衝撃』）。傾聴すべき見解であろう。

元親は四国を統一したとはいいがたいが、四国を制覇したと評してよいと考えている。ゆえに、本書では四国制覇という表現を使用している。ならば、山本氏の「四国制覇をなしとげた元親」という発言には問題がないかといえば、そうではない。なぜなら、この記述が「阿波一国の完全制覇」「全讃岐の制覇」を前提としているからである。本章でみてゆくように、元親は阿波を「完全制覇」しておらず、また「全讃岐の制覇」もしてはいなかったのである。

本章では、元親による四国制覇の状況を阿波侵攻・讃岐侵攻・伊予侵攻の順でみてゆく。その際、同盟者の存在に注目したい。長宗我部氏の武力が四国随一であったことは想像にかたくないが、むしろ重視されるのは元親の外交手腕だからである。外交家としてのセンスに着目することで、あらたな元親像に迫ってみたい。

一領具足　元親による四国制覇といえば、それを軍事的に支えたものとして誰しも一領具足《いちりょうぐそく》を思い浮かべるであろう。例えば、山本氏も「元親が土佐統一、四国制覇の戦争で兵力の基礎としたものは、一領具足といわれる農民的武士であった」と指摘している（山本『長宗我部元親』）。こうした指摘は複数の史料を根拠にしているが、まずは「死生《しせい》知らずの野武士なり」など具体的な一領具足の像を示す史料としてもっとも広く知られている『土佐物語』の記述を意訳して紹介しておこう。

> そもそも一領具足というのは、わずかの田地を所領とし、「守護」（ここでは地域の支配者）に仕えることも、職務もなく、自身の領地に引きこもり、みずから耕作し、れっきとした侍との交流もしなかったので、礼儀も作法もなく、日々武勇に専念して田に出る時も槍の柄に草鞋《わらじ》・兵糧をくくりつけて畦《あぜ》に立てておき、いざという場合には鎌・鍬を投げ捨てて走ってゆき、鎧一領で着替え用はなく、馬一疋で乗り替え用はなく、奔走したので、一領具足と呼ばれた。弓・鉄砲・太刀に熟練した、命知らずの野武士であった。

『土佐物語』が描くこのような武勇に秀でた勇猛果敢ぶりは「元親が土佐統一、

四国制覇の戦争で兵力の基礎とした」という評価に影響を与えていると思われる。そして、同書が描く農業従事の様子が、「農民的武士」という一領具足像の根拠となっていることはまちがいない。ところが、のちにみるように、『長元物語《ちょうげん》』では「馬廻分程ノ侍」と説明されているものの、「農民的武士」という像につながるような記述はない。さらに、近年の研究をふまえるならば、軍制としての一領具足の存在そのものに対する評価を大幅に見直す必要があると思われる。

一領具足に関する信頼できる史料として注目されてきたのは、『長宗我部元親式目』の第十三条である。知行割*を規定したこの条文には、「城持」と一領具足（同書では「一両具足」と表記）については特例とすることが記載されている。しかし、平井上総氏の研究によって、『長宗我部元親式目』は偽書であることが判明した（平井「『長宗我部元親式目』考」）。長宗我部氏に関心をよせてきた読者にとっては衝撃の事実であろう。じつは、元親・盛親《もりちか》やその家臣などが発給した文書のうちで一領具足が記されたものは、前章で述べた「浦戸一揆」の際に家老らが発給した文書（写）だけである。つまり、長宗我部関係者が一領具足という呼称を使用していたことを示す同時代史料は一点しか確認されないのである。一領具足の存在が否定されてしまったわけではないが、一領具足がそもそも制度的な呼称であったのかは疑わしいのである。研究の進展を真摯にうけ止めるならば、現段階では、一領具足の実態は不明というほかなくなった。従来の一領具足像そしてこれを前提とする長宗我部権

＊ **知行割**　家臣らに領地を割りあてること。

力の像を再検討してゆくことが、今後の長宗我部氏研究にとって避けてはとおれない課題なのである。

「元親が土佐統一、四国制覇の戦争で兵力の基礎としたもの」とされてきた一領具足の実態が不明である以上、現段階では軍事力そのものの強さの秘訣についての議論は封印しておかざるをえない。ただ、土佐を統一し、さらには四国制覇という覇業も進めていた長宗我部氏の強さの秘訣は他にも存在したはずである。その一つと考えられるのが、同盟者の獲得などで発揮された元親の外交手腕である。以下、同盟者の獲得を観点として、阿波・讃岐・伊予の順に侵攻の諸相をみてゆこう。

二　阿波侵攻

阿波における同盟者

元親の阿波における同盟者としてまず日和佐氏*を取り上げよう。天正三年（一五七五）に土佐を統一した元親は、同年末もしくは翌年から阿波侵攻に着手したとされる。長宗我部勢はまず阿波南部の沿岸部へと侵攻し、海《かい》部《ふ》城*を陥落させた。こののち、阿波東南部の由岐《ゆき》・日和佐《ひわさ》・牟岐《むぎ》・桑野・椿泊《つばきどまり》・仁宇《にう》などの諸氏がことごとく降伏していったようである。これらのうち日和佐氏に

---

* **日和佐氏**　阿波海部郡日和佐（徳島県海部郡美波町）を名字の地とする在地領主。その拠点は日和佐城であった。

* **海部城**　阿波海部郡（徳島県海部郡海陽町）の城。一五七五年頃に長宗我部勢が奪取するまでの城主は、海部友光であったとされている。

ついては、降伏の事実を示す二通の起請文が残されている。一通は天正五年十一月十七日付で日和佐肥前守・同新次郎宛に発給された香宗我部親泰《こうそかべちかやす》起請文で、もう一通は天正六年九月十二日付で日和佐肥前守宛に発給された元親起請文である（「浜文書」）。

　土佐統一戦において東部戦線を担当していた香宗我部親泰は、四国制覇戦においてはその延長線上にある阿波の侵攻を担当した。そのため、日和佐氏との交渉も親泰が担当していたので、起請文を発給することになったのであろう。親泰はまず日和佐氏の長宗我部氏への「帰参」をめでたく思うと伝えている。「帰参」というからには、日和佐氏はいったんは長宗我部氏にしたがったものの、のち離反していたと考えられる。阿波侵攻の開始と親泰起請文の発給年月日にタイムラグが存在するのはそのためであろう。こうした紆余曲折もふまえて、起請文で親泰は長宗我部氏に対して今後忠節を尽くせば、日和佐氏の身上を保障すると誓約している。

　元親起請文では決して元親の「疎意《そい》」はないこと、つまりは日和佐氏の身上を保障することが誓約されている。ここで、注目すべきは元親起請文が親泰起請文より約十カ月も遅れて発給されている事実である。こうしたタイムラグは何を意味しているのであろうか。この点については、次のような指摘がなされている。阿波侵攻を担当していた親泰がまず日和佐氏の身上を保障する起請文を発給し、ついで「その後の忠勤ぶりをみて元親自らが正式な起請文を発給するという方法がとられてい

＊　**起請文**　宣誓書の一種。宣誓の具体的な内容を記し、もし違背した場合には神仏の罰をうける旨を記した。

たようである」（高知県立歴史民俗資料館『四国の戦国群像』）。日和佐氏がいったんは長宗我部氏にしたがったものの、のち離反したと考えられることからすると、この指摘はじつに説得的である。元親はいまだ去就が定かでない日和佐氏の「忠勤ぶり」を約十カ月間にわたり「ゆっくりと」そして「きちんと」見きわめて評価し、日和佐氏の身上を保障することにしたのであろう。ここでみた元親起請文は、「しとく〳〵」と詠じられた元親の真骨頂を如実に示しているといえよう。

四宮新五郎宛元親書状
高知県立歴史民俗資料館蔵

　親泰そして元親ら長宗我部氏側から日和佐氏に対して身上を保障する起請文がわざわざ発給された事実からすると、日和佐氏は長宗我部氏に服属したとはいえ、その従属関係はゆるやかで、むしろ両者は同盟関係にあったとみるべきであろう。同様の関係は、長宗我部氏と四宮《しのみや》氏との間でも観察される。

　四宮氏は阿波東南部の椿泊を拠点とし、紀伊・淡路などにも展開する水軍であった。元親は、この四宮氏とおそらく土佐統一の直後つまり天正三年頃に交流していた。正月十日付の四宮新五郎宛元親書状によれば（高知県立歴史民俗資料館『長宗我部盛親』)、元親は自身が派遣した使者に四宮肥後守が「御馳走」してくれたこと——何らかの便宜をはからってくれたこと——を非常に喜んでいる(二〇〇二年一〇月三日付高知新聞、同日付朝日新聞など)。この元親書状は自筆の可能性も指摘されており、元親の丁重さがうかがわれるので、四宮氏との関係も同盟関係であったとみられる。元親にとって、四宮氏との同盟関係には阿波侵攻の戦略上のメリットはもとより、水軍四宮氏と同盟することで交易などのために上方に向かう航路をおさえられるメリットもあったと想定されている。

中富川の戦い

天正十年におこった中富川《なかとみがわ》の戦い*はそののち同年九月に勝瑞《しょうずい》城の十河存保が讃岐に敗走したことが示すように、阿波侵攻においてきわめて重要な戦いであった。そのため、この戦いはよく知られている。もう一つこの戦いがよく知られている理由は、元親が一領具足の献策を作戦に取り入れたという『長元物語』の伝承にあろう。

まず、中富川の戦いの阿波侵攻における意義を確認するために、『元親記』と『昔阿波物語』*の記述をもとに戦いとその後の経過を概観しておこう。天正十年八月、元親率いる長宗我部勢と存保率いる十河勢(三好勢)は中富川で戦い、長宗我部側が勝利をおさめた。しかし、その後も十河勢は勝瑞城に籠城して長宗我部勢に対する抵抗を継続した。こうした籠城戦が続くなかで九月に洪水が発生し、停戦交渉が成立して十河勢は勝瑞城を退去する。『元親記』と『昔阿波物語』の記述はこのよ

＊ 中富川の戦い　一五八二年八月下旬、阿波板野郡中富(徳島県板野郡板野町・藍住町)であった戦い。長宗我部勢と十河勢(三好勢)が戦い、十河勢は勝瑞城に敗走した。

＊ 『昔阿波物語』　一六〇六年頃に成立したとみられる軍記物。作者は十河存保に仕えた道知であり、中富川の戦いの時は十八歳で存保の御供をしていたと記している。

うな経過に関しては一致している。『元親記』の著者は長宗我部家臣の高島正重《たかしままさしげ》＊であり、『昔阿波物語』の著者は十河家臣の道知である。このように立場の異なる人物が記した軍記物であるにもかかわらず、記述が一致していることなどから、近年の研究でも右のような経過は事実とみてよいと考えられている（尾下成敏「羽柴秀吉勢の淡路・阿波出兵」）。

先に述べたように、四国統一説では勝瑞城の十河存保が讃岐に敗走し、岩倉城も落城したことで「阿波一国の完全制覇」がなったとされてきた。つまり、存保の勝瑞城退去は岩倉城の落城とならび、元親による阿波侵攻の最終局面とされてきたのである――ただし、厳密には「完全制覇」ではなかった――。そもそも存保ら十河勢が勝瑞城に籠城することになったのは中富川の戦いで敗北したからであり、ここに元親による阿波侵攻におけるこの戦いの意義が存在する。

こうしたきわめて重要な戦いの前提となる作戦を元親が決定した軍議は、一領具足の有能さを象徴する有名な場面である。『長元物語』が描くその軍議のあらましは次のようなものである。

天正十年、いったん阿波から本拠地岡豊に帰陣した元親は「家老衆・城持」と一領具足（『長元物語』では「一両具足」と表記されている）を召集し、別々の場所に待機させ、双方に阿波侵攻に関する献策を命じた。「家老衆・城持」たちは、いまだ三好氏の勢力は大きいので、稲薙《いななぎ》（詳細は後述）などにより消耗させる持久戦を献策し

＊ **高島正重** 生没年不詳。元親の近習であったとされ、一六〇二年からは山内氏に仕えた。旧主元親の三十三回忌（一六三一年）にあたり、『元親記』を記した。

た。いっぽう、一領具足たちは、のんびりしていては阿波はいうまでもなく土佐も三好氏に奪われてしまう、それは三好康長《やすなが》の養子は秀吉の甥秀次なので、秀吉の加勢をうけて康長が阿波に渡ってくるであろうからだとの認識を示した。そして、一領具足たちは、そうなる前に十河存保を討ち果たして阿波を残りなく奪取する判断をくだすのは今であると言上した。元親は一領具足の申し上げようは誠に神妙であるとし、さらに具体的な作戦についても下問した。一領具足たちは中富川で存保らと決戦することを献策した。

こうした軍議のあらましの最後に、この一領具足は他家においては「馬廻《うままわり》*分程ノ侍」との説明がある。「分程」なのだから、一領具足の性格が「馬廻」と同様なども説明しているのではなかろう。「家老衆・城持」のような大身の家臣ではなく、小身の家臣であったという説明なのであろう。『長元物語』では軍議の様子に続いて、持久戦ではなく中富川の戦いの状況が述べられている。この物語は、家臣の身分の上下にこだわらず、献策を内容の是非によって採用した為政者としての元親の公平性や軍事的な才能を描こうとしたのであろう。もちろん、一領具足の優秀さを看取することも可能なわけで、阿波侵攻のクライマックスにつながる献策の伝承も先の「四国制覇の戦争で兵力の基礎とした」という従来の評価に影響を与えているのであろう。なお、『長元物語』の「馬廻分程ノ侍」なる説明は一領具足が小身であったことを示唆しているものの、同書には「農民的武士」という像につながる記述は

＊馬廻　合戦時あるいは平時、大将の周囲にいて護衛にあたった武士。武芸に優れたものが選抜された。

ない。

土佐泊城における抵抗

従来、天正十年九月に勝瑞城の十河存保が讃岐に敗走し、岩倉城も落城したことで「阿波一国の完全制覇」がなったとされてきた。しかし、阿波の土佐泊城《とさどまり》＊では反長宗我部勢力が抵抗を継続していたのであり、実際には「完全制覇」ではなかった。

その明証は天正十二年十月十六日付の浅野長政《ながまさ》＊宛秀吉判物である（『大日本史料第十一編之九』）。この判物によれば、秀吉は浅野長政に対して、土佐泊の篠原甚五《しのはらじんご》＊・森村春《もりむらはる》＊に播磨の飾磨で兵粮二〇〇石を渡すよう命じている。こうした秀吉による篠原・森の両氏への支援は、これが初めてではなかった。秀吉は天正九年——同十年とする説もある（尾下成敏「羽柴秀吉勢の淡路・阿波出兵」）——十月に篠原自《じ》遁《とん》＊が在城した木津城《きづ》＊と村春が在城した土佐泊城への兵粮・玉薬＊の輸送を命じていた。木津城は天正十一年四月には長宗我部勢によって攻略されているので、その頃に自遁の一族とみられる甚五は木津城から土佐泊城に移動したのであろう。このように、かねてより秀吉は篠原・森の両氏を支援しており、それは天正十二年

土佐泊城跡

＊**土佐泊城**　阿波板東郡（徳島県鳴門市）の城。三好氏に仕えた水軍森氏の居城であった。森村春が椿泊（徳島県阿南市）に移されるのにともない、廃城となった。

＊**浅野長政**　一五四七～一六一一年。織田信長のち豊臣秀吉に仕えた。一五九八年の秀吉死去の際にいわゆる「五奉行」となる。関ヶ原合戦に際しては東軍に与した。

＊**篠原甚五**　生没年不詳。篠原自遁の一族とみられる。篠原氏は三好氏の有力な被官であった。

＊**森村春**　一五四二～一五九二年。阿波土佐泊（徳島県鳴門市）を本拠地とし、水軍を率いていた。蜂須賀氏が阿波に入国すると、椿泊（徳島県阿南市）に移される。文禄の役で渡海し、朝鮮で客死した。

＊**篠原自遁**　生没年不詳。

十月の段階でも継続されていた。つまり、同年十月の段階でも秀吉が支援する十河勢（三好勢）が阿波に存在していたのである。そして、翌年に実施された本格的な長宗我部攻撃で秀長勢がまず土佐泊に上陸したこと、その秀長勢と長宗我部勢との緒戦が木津城包囲戦であったこと（『大日本史料第十一編之十七』）、これらの事実が示すように、元親は土佐泊城をついに攻略できなかったのである。

土佐泊は大毛島《おおげじま》東部に位置し、四国と淡路・紀伊を結ぶ要衝であった。島嶼部とはいえ、要衝の地である土佐泊城を攻略していなかった点からすると、元親は「阿波一国の完全制覇」を達成したとはいいがたい。元親は伊予だけでなく阿波も完全には掌握しておらず、従来の四国統一説にみられるような元親による四国制覇の達成度に対する過大な評価はあらためられるべきであろう。その評価ともかかわる、阿波の四国本島部の侵攻に関する状況を考えてみよう。

慈雲院宛の禁制

勝浦郡（徳島市）の慈雲院《じうんいん》*（丈六寺《じょうろくじ》）は天正十年以降、元親の保護をうけることになり、土佐の予岳寺《よがくじ》*の支配下に入ったとされている（『徳島県の地名』）。こうした状況を示す史料が存在するのは事実であるが、しかし、その状況は天正十三年の本格的な長宗我部攻撃の時点まで継続していなかった可能性がある。つまり、元親による慈雲院の保護およびその周辺の支配が継続していなかった可能性がある。それは、天正十一年閏正月の慈雲院宛秀吉禁制が存在しているからである（「丈六寺文書」）。

三好氏の分国法『新加制式』を制定した篠原長房（？～一五七二年）の弟。篠原氏は三好氏の有力な被官であった。

＊**木津城**　阿波板東郡（徳島県鳴門市）の城。一五八三年に長宗我部勢が奪取し、翌々年の秀吉による長宗我部攻撃の際には、阿波戦線における緒戦の場となった。

＊**玉薬**　銃弾・砲弾の発射に使用する火薬。

＊**慈雲院**　阿波勝浦郡（徳島市）の曹洞宗寺院。丈六の観音像を本尊としたことから、丈六寺と名付けられたといわれる。のち阿波に入国した蜂須賀氏の保護もうける。

＊**予岳寺**　土佐香美郡（香美市）の曹洞宗寺院。土佐最古の禅宗寺院とされている。元親の時、泰雲寺末から岡豊城下にあった瑞応寺末になったという。

秀吉や戦国大名たちは、軍事行動によって勢力下におさめた地域や寺社に禁制を発給していた（相田二郎『戦国大名の印章』）。禁制は、味方の軍勢による乱暴狼藉や放火など不法な行動を禁止し、地域や寺社の安全を保障する文書であった。慈雲院宛秀吉禁制は当時の典型的な内容となっている。通常、こうした禁制の所見からは秀吉あるいはその支援をうけた十河氏（三好氏）の軍勢が慈雲院周辺を勢力下におさめた状況が想定される。

しかし、この禁制に関しては秀吉による「武威伸長の表現」という評価が下されてきた（小林清治『秀吉権力の形成』）。つまり、慈雲院周辺は実際には秀吉らの勢力下にはなく、禁制の発給は一種のデモンストレーションであったとみなされてきた。おそらく、その原因は天正十年に「阿波一国の完全制覇」がなったという説にあろう。この説を前提とすると、天正十三年の本格的な長宗我部攻撃により元親が秀吉に降伏するまで、阿波の寺社などに秀吉が禁制を発給するはずはないと考えられるからである。ところが、島嶼部とはいえ、天正十三年まで土佐泊城を拠点とする十河勢の抵抗が継続していた。

このような実情に加え、そもそも禁制が受給者の申請によって発給されるケースが多いこと、また慈雲院宛禁制が「丈六寺文書」つまり慈雲院の文書として伝存してきたこと、これらからすると、次のような攻防があったと考えられはしないだろうか。天正十年、十河存保を讃岐に敗走させた元親は慈雲院周辺を一時的に制圧した。そのため、慈雲院は元親の保護をうけることになり、予岳寺の支配下に入った。ところが、翌天正十一年閏正月頃、秀吉あるいはその支援をうけて抵抗を継続していた十河氏の軍勢が慈雲院周辺を奪還した。そこで、慈雲院は安全を保障する禁制を申請し、秀吉禁制を獲得した。

こうした考えが妥当ならば、元親は土佐泊のような島嶼部だけでなく四国本島部についても攻略しきれていなかったといえよう。さらに、慈雲院があった勝浦郡が土佐泊と近接しているわけではないことからすると、元親による阿波侵攻はいわば点と線を占領しているといった状況であった可能性も想定されはしないだろうか。

三　讃岐侵攻

讃岐における同盟者

元親は、讃岐侵攻においても同国の諸勢力と同盟関係を構築し、それを利用して覇業を進めていった。讃岐における同盟者として特筆すべきは香川信景《のぶかげ》*である。阿波西部を掌握した元親は、天正六年（一五七八）から讃岐の侵攻に着手し、翌七年には西讃の天霧城《あまぎり》を拠点とする香川氏と姻戚関係を結んだ。元親の次男親和が天霧城城主香川信景の娘婿となったのである。ここで想起すべき

---

* 香川信景　生没年不詳。讃岐天霧（香川県善通寺市）を拠点として西讃（讃岐西部）を支配した。一五八五年の秀吉による長宗我部攻撃後は、土佐に移住した。

天霧城跡
高知県立歴史民俗資料館提供

は、土佐を統一した元親の広い意味での戦術の秘訣の一つであろう。元親は、被征服者である国人家を形式上は滅亡させることなく、自身の兄弟や子など一族を国人家に入嗣するという手段をとっていた。今回の香川氏の場合も同様であり、元親は自身の次男を香川氏に入婿させることで、同氏を滅亡させることなく自己の陣営に取り込んだのである。

この香川氏との同盟関係は讃岐侵攻だけでなく織田政権との対抗関係においても重要な意味をもっていた。前述のように、長宗我部氏は織田政権と対立していた毛利氏との間に「芸土入魂」という友好関係を構築していた。じつは、その仲介にあたったのが信景だったのである。かつて信景は三好氏に圧迫されて讃岐を退去し、毛利氏に庇護されていたことがあり、こうした関係を前提として「芸土入魂」の仲介をしたのである（藤田達生『証言本能寺の変』など）。こうした諸氏との関係の連鎖に元親の外交家としてのセンスがあらためて看取されよう。

讃岐侵攻における諸氏との関係の連鎖についてもみてゆこう。西讃の諸勢力はもともと香川氏にしたがっていたのであり、それらに対する統治は依然として信景に委ねられていたものの、香川氏との同盟関係が構築されたことで元親による西讃の掌握が進展した（唐木裕志・橋詰茂『中世の讃岐』など）。さらに、香川氏との婚姻関係が結ばれた天正七年から翌年にかけて中讃の羽床《はゆか》氏*や長尾氏*らも服属した。こうしたドミノ現象は同盟関係の見逃してはならない効果である。ここで、『南海通記』*という軍記物の記述を参考に羽床氏の服属やそれに関連する諸氏の服属について考えてみたい。同書の記述では、その経過は以下のように描かれている。

羽床城に籠城していた羽床資載《すけとし》は香川信景の仲介によって元親に服属し、そののち元親は新名内膳助が籠城する鷲山《わしやま》城*に攻め寄せる。内膳助は羽床氏の取り成しにしたがって元親と「和平」し、元親勢が鷲山城に入城した。

羽床城跡
同前提供

この描写からは、同盟関係の構築によって単に一人の同盟者がえられるだけでなく、さらにその同盟者と交流があった別の諸勢力もドミノ倒しのように掌握してゆけるという状況が想定される。同様の状況は讃岐に限らず、前述の阿波や後述の伊予においても想定されよう。ただし、これらは『南海通記』という軍記物の記述にもとづく想定なので、信頼しうる史料の検討によって論証して

---

* **羽床氏**　讃岐阿野郡羽床（香川県綾歌郡綾川町）を名字の地とする在地領主。その拠点は羽床城であった。

* **長尾氏**　讃岐多度郡長尾（香川県仲多度郡まんのう町）を名字の地とする在地領主。その拠点は西長尾城であった。

* **『南海通記』**　一七一八年成立の軍記物。作者は、讃岐出身の甲州流兵学者である香川成資。『元親記』などの諸書を参照しつつ、古代から近世初頭までの四国の歴史を記す。

* **鷲山城**　讃岐阿野郡（香川県高松市）の城。菟上山城とも呼ばれたという。

ゆくことが今後の研究の重要な課題であろう。

ところで、元親に詳しい読者のなかには、『南海通記』が伝える内膳助の降伏劇に関するあの有名な美談を思い浮かべている方もいるのではないだろうか。その美談を山本大氏は、「この羽床攻撃に際して、元親は麦薙《むぎなぎ》戦術に出たが、農民の難儀を思って一畦《ひとあぜ》（「ひとあぜ」ではなく、「ひとうね」であろう―津野註）おきに苅取らせたという話が伝えられている」と紹介している（山本『長宗我部元親』）。ここに登場する麦薙という戦術とそれにかかわる元親の美談についてみてゆくことにしよう。

戦術としての麦薙・稲薙

戦国時代、麦薙は稲薙とならび頻繁に用いられる戦術であった。山本浩樹氏の研究を参考に、この戦術について説明しておこう（以下、山本浩樹「放火・稲薙・麦薙と戦国社会」、同「戦国大名領国『境目』地域における合戦と民衆」参照）。

麦薙・稲薙は軍勢が敵陣・敵城下の麦や稲を薙ぎ払う行為である。麦薙の実施期間は三月～五月、稲薙のそれは七月～九月に集中しており、麦・稲の成育状況を見計らって実行されたとみられている。「麦捨」という表現も存在するので、麦薙・稲薙の第一義的な目的は略奪自体ではなさそうである。むしろ、敵城を包囲・攻撃する際に麦薙・稲薙が多用されているので、兵糧攻めの一環として敵の戦力の消耗をはかることを目的としていたと考えられている。その麦薙・稲薙の直接的かつ甚大な被害を被ったのは、対象地域で農業生産に従事した地下人*と呼ばれる地侍や農

＊ **地下人**　村や町に土着する人、またはそこの住人。

民たちであった。彼らは、武装し戦闘能力を有しており、籠城にも加わる者もあった。戦国時代には彼らも巻き込んだ総力戦が展開されていたのであり、麦薙・稲薙は生産構造そのものを破壊し、敵方の全階層に打撃を与えて抗戦意志を挫くことを目的とする「無差別的・総合的作戦行動」だったと評されている。このように、麦薙は稲薙とならんで農民たちにとって過酷な戦術であった。

さて、『南海通記』には元親と内膳助との「和平」にまつわる次のようなエピソードが記述されている。

この時、元親は足軽を出動させて「麦作」を刈らせた。その際、「一畦《ひとうね》」ごとに刈るよう命じるなどして、「麦作」の半分を残した。百姓たちはこれを見て、「土佐の支配はよいに違いない」「早く和平あれ」と思うようになった。

軍記物の伝えるエピソードであり、敵の領地の農民ではあっても情けをかける元親の為政者としての慈悲深さを読者に印象づけるための創作なのであろう。しかし、そもそも、慈悲深いならば、「無差別的・総合的作戦行動」と評される麦薙など実施するはずはあるまい。実際、のちにふれるように、元親は伊予侵攻にあたってている自軍が侵攻地域のあらゆる所で「立毛《たちげ》」つまり収穫前の農作物を刈り払ったとの報告をうけたが、この行為を批判的にとらえている様子はなく、むしろ自軍の優勢を誇示するものとして同盟相手の金子氏に伝えている。こうした一次史料が示す実態からすると、『南海通記』のエピソードそのもの、そしてその記述にもとづいて元親が「農民の難儀」を思って麦薙を手加減したとみる見解は、ともにナイーブ過ぎるように思われる。四国制覇の途にあった元親は、麦薙の手加減をするほどあまい人物ではなかったであろう。むしろ、その人柄からすると、元親は麦や稲の成育状況を「ゆっくりと」見きわめ、「きちんと」麦薙をするよう命じていたと考えられるのではないだろうか。

虎丸城における抵抗

虎丸城跡

従来、元親が天正十二年六月に十河城・虎丸城などの諸城を陥落させ、十河存保を追放したことで、元親による「全讃岐の制覇」がなったとされてきた。しかし、十河城が陥落したのはたしかであるが、虎丸城は陥落していなかった。

『元親記』『十河物語』などには十河勢力の讃岐退去が記されている。いっぽうで、『長元記』やその系統の『長元物語』『土佐軍記』には、存保が降伏しなかったために虎丸城は元親の手中に入らなかったことが記されている。よって、軍記物からは虎丸城の落城・非落城の両説が導かれるにもかかわらず、ながらく前者が通説の地位を占めてきた。しかしながら、同じ軍記物とはいえ、『長元記』は潤色が少ない良質の軍記物であり（関田駒吉『関田駒吉歴史論文集下』）、しかも長宗我部側の立場から作成された点も考慮するならば、むしろ後者の可能性を信頼しうる一次史料にもとづいて検討してゆくべきであろう。議論を先取りするならば、以下で検討してゆく一次史料の所見によると、後者が妥当であると判断せざるをえない（拙著『長宗我部氏の研究』）。

周知のとおり天正十二年には小牧・長久手の戦い*が勃発しており、元親は織田信《のぶ》雄《かつ》・徳川家康に与する姿勢をとっていた。秀吉は織田政権末期から四国政策に関しては長宗我部攻撃の方針を貫いており、この秀吉に対抗する者といった観点から元親は信雄・家康との同盟を選択したのである。その関係で長宗我部—織田・徳川間では頻繁に書状が取り交わされていた（『長久手町史資料編六中世』）。これらの書状から天正十二年六月十一日以前に長宗我部勢が十河城を陥落させたこと、そして十河勢を「一城」のみに包囲したことが確認される。問題は、この「一城」である。八月九日付の香宗我部親泰宛本多正信《まさのぶ》*書状によれば、十河城の陥落直前に存保が脱出したこと、また十河城の陥落後に長宗我部勢が「大智表」に侵攻したことが判明する。この「大智」は読み「おおち」に着目するならば、「大内《おおち》」を指していると考えられる。この「大内」を冠する地名としては讃岐東端の大内郡がある（『香川県の地名』）。同郡方面に長宗我部勢が侵攻したとなると、その標的は同郡の拠点虎丸《とらまる》城とみるほかかない。よって、問題の「一城」とは虎丸城のことと判断される。以上からすると、信頼しうる一次史料から判明するのは、長宗我部勢が十河城を陥落させ

＊ **小牧・長久手の戦い**　一五八四年、尾張小牧・長久手（愛知県小牧市・長久手市）などでおこった戦い。織田信長の次男信雄は徳川家康と結び、秀吉と戦った。

＊ **本多正信**　一五三八〜一六一六年。徳川家康の重臣。小牧・長久手の戦い頃から側近として活躍し、関ヶ原合戦後には井伊直政らとともに徳川政権の中枢を担った。

たのち、同城から脱出していた存保を追撃し、虎丸城「一城」のみに存保ら十河勢を包囲していた状況なのである。よって、虎丸攻城戦が展開されたのは事実であろうが、その結果として虎丸城が落城にいたったとみるのは〝いさみ足〟といえよう。こうしてみると、落城説の根拠は前述した『元親記』など一部の軍記物の所見のみとなるが、いっぽうの非落城説についてはどうであろうか。

十河城が陥落した約一月後の七月十九日に、長宗我部氏の有力家臣久武親直《ちかなお》は伊予東部の金子元宅《もといえ》に書状を送付している（「金子文書」）。のちに詳しく述べるように、元宅は元親の同盟者であった。その書状によれば、長宗我部勢が讃岐東部に出兵しており、さらに親直が元宅にも自身の出陣を要請していた事実が知られる。七月中旬の段階でも讃岐東部における十河勢の抵抗がつづいており、それは長宗我部氏と同盟関係にあった金子氏の応援も要するほどのものだったのである。このように一次史料からは、虎丸城に包囲された十河勢が守勢一辺倒だったのではなく、攻勢をとりさえした状況が知られる。

よって、存保が降伏しなかったために虎丸城は元親の手中に入らなかったとする『長元記』などの記述の方が、十河勢が讃岐から退去したとする『元親記』などの記述よりも史実を正確に反映していると考えるべきであり、虎丸城に関しては非落城説が妥当なのである。十河勢は虎丸城を拠点として抵抗しつづけており、その十河勢を支援していたのは阿波侵攻のところで指摘したように秀吉であった。以上のように、元親による讃岐の掌握は不完全だったのである。不完全といえば、阿波の掌握である。前述のように、元親は阿波の土佐泊城をついに攻略できなかった。こうしてみると、元親は伊予だけでなく阿波・讃岐も完全に掌握したとはいいがたく、従来の四国統一説にみられるような元親による四国制覇の達成度に対する過大な評価はあらためられるべきなのである。

四　伊予侵攻

伊予における同盟者

元親は、伊予侵攻においてもやはり同国の諸勢力と同盟関係を構築し、それを利用して覇業を進めていた。伊予における同盟者として真っ先にあげるべきは、秀吉による天正十三年の本格的な長宗我部攻撃に徹底抗戦して戦死を遂げた金子元宅《もといえ》であろう。

十六世紀中頃の伊予では、守護河野氏が中部の約十郡を支配しており、河野氏に対する諸勢力の抵抗がつづいていた（藤田達生『日本近世国家成立史の研究』）。その諸勢力の代表例が伊予東部の宇摩《うま》郡・新居《にい》郡に割拠した石川氏であった。新居郡の分郡守護であった備中守護細川氏の勢力が衰退した十六世紀中期以降、備中守護代石川氏の一族が守護の権限を行使するようになり、この石川氏のもとで急速に台頭してきたのが金子元宅であった。

元宅は宇摩郡・新居郡内の諸領主に対する指揮権を獲得してゆくものの、あくまで幼少の石川氏当主虎竹《とらたけ》*の義兄（姉婿）として指揮権を行使していた。天正二年、河野氏は宇摩郡・新居郡の支配権を足利義昭《よしあき》*によって承認されたが、以降もその支配は両郡におよんでいない。それは、長宗我部―金子同盟が存在していたからであろう（以下、拙著『長宗我部氏の研究』参照）。

天正九年七月二十三日付の元宅宛元親起請文によれば、遅くとも同年同月には同盟関係が成立していた（『愛媛県史資料編古代・中世』）。この起請文で元親は「境目」で紛争が生じた場合には加勢することを誓約しており、こうした同盟関係を背景として金子氏は河野氏の支配を排除できたのだと考えられる。ただ、起請文で元親が「御家中」にいかなる事態が発生しようとも元宅と申談すると誓約しているように、同盟関係には金子氏内部の紛争を沈静化する効果も期待されていた。

元宅には、長男宅明《いえあき》*・次男毘沙寿丸《びしゃじゅまる》*・三男鍋千代丸《なべちよまる》*・四男新発智丸《しんぼちまる》*、計四人の男子がいた（白石友治『金子備後守元宅』）。これらのうち三男鍋千代丸は周敷《すふ》家、四男新発智丸は氷見《ひみ》家として分家していた。また、金子宗家の継嗣は長男の宅明ではなく、次男の毘沙寿丸であった。元宅にとって長宗我部―金子同盟は、宇摩郡・新居郡や触手をのばしていた周敷郡における支配権の安定そして金子氏というイエの

＊**石川虎竹**　一五七八〜一六四八年。石川通勝の子。一五八五年の秀吉による長宗我部攻撃の際、土佐に逃れて元親の厚遇をうけたとされる。長宗我部氏改易後は福島正則に仕え、通利と称したという。

＊**足利義昭**　一五三七〜一五九七年。室町幕府の十五代将軍。一五六八年、織田信長に奉じられて将軍となり幕府を再興する。しかし、一五七三年には織田信長に逐われ、室町幕府最後の将軍となった。

＊**金子宅明**　一五七三〜一六四五年。金子元宅の長男。一五八五年の秀吉による長宗我部攻撃の際、土佐に逃れて元親の保護をうける。長宗我部氏改易後は加藤嘉明に仕えたという。

＊**金子毘沙寿丸**　?〜一六四六年。金子元宅の次男。一五八五年の秀吉による長宗我部攻撃の際、土佐に逃れて元親の保護をうける。長宗我部氏改易後の動向は不明。

＊**金子鍋千代丸**　生没年不詳。金子元宅の三男。一五八五年の秀吉による長宗我部攻撃の際、土佐に逃れて元親の保護をうける。長宗我部氏改易後は加藤嘉明に仕え、基宅と称したという。

存続、この二つの問題を同時に解決する選択肢だったのである。

先にも述べたように、天正十二年七月に元親家臣の久武親直は讃岐の十河勢の抵抗に対応すべく元宅に自身の讃岐東部への出陣を要請していた。このように長宗我部氏は讃岐侵攻においても金子氏の軍事力を頼みにしていた。天正十三年六月に開始された秀吉による本格的な長宗我部攻撃の際には元親自身が戦闘に参加することはなかったのであるが、元宅はそうではなかった。元宅は伊予に上陸してきた小早川隆景《たかかげ》・吉川元長《もとなが》ら毛利勢の猛攻をうけて高尾城*で戦死するのである。この元宅の最期からも知られるように、四国制覇を進める元親にとって金子氏は軍事力を支える重要な存在だったのである。

次に視線を伊予西部に転じて、元親との関係が比較的最近になって明らかとなった喜多郡の同盟者に言及しておこう。橋詰茂氏によって学界に紹介された三通の元親書状からは同郡の曽根宣高《のぶたか》*や平《たいら》出雲守*と元親との間に同盟関係があったことが知られる（橋詰「長宗我部元親新出文書について」、桑名洋一「天正期伊予国喜多郡における戦乱について」）。宣高は曽根城*城主、出雲守は北山（喜多山）の東城*城主であった。天正五年もしくは同六年の発給と考えられている七月六日付の出雲守宛元親書状によれば、元親は長宗我部氏のために奔走するという宣高の申し出を大いに慶び、勝利の暁の「御知行《ちぎょう》」を約束している。

元親は出雲守を仲介者として宣高と同盟関係を築いたのであり、その前提として

---

* **金子新発智丸**　一五八〇～一六二四年。金子元宅の四男。一五八五年の秀吉による長宗我部攻撃の際、土佐に逃れて元親の保護をうける。土佐で馬場氏を継いだという。

* **高尾城**　伊予新居郡（愛媛県西条市）の城。一五八五年の秀吉による長宗我部攻撃の際、城主は高橋美濃守であったとされている。美濃守も金子元宅とともに戦死し、以後は廃城となった。

* **曽根宣高**　生没年不詳。曽根高昌の子。曽根氏は高昌の代に周防から伊予喜多郡曽根（愛媛県喜多郡内子町）に移住したという伝承がある。宣高は、のち毛利氏に仕えた。

* **平出雲守**　生没年不詳。伊予喜多郡平郷北山（愛媛県大洲市）の在地領主。東城の城主であったとされている。

* **曽根城**　伊予喜多郡（愛媛県喜多郡内子町）の城。一五八五年の秀吉による長宗我部攻撃後、伊予に入封した小早川隆景によって破却された。

* **東城**　伊予喜多郡（愛媛県大洲市）の城。城主は平出雲守とされているが、詳細は不明。

出雲守ともやはり同盟関係を築いていたはずである。こうした長宗我部―平―曽根の関係は以後も継続していた。天正七年以降に発給された七月二十八日付の出雲守宛元親書状によれば、元親は「田所城」（喜多郡内の城と考えられているが、詳細は不明）の攻略において手筈との相違があったために撤退したとの報告に接し、宣高と相談して「御計策」をたてるよう伝えている。さらに、十二月十三日付の出雲守宛元親書状は天正十二年の発給と考えられるので、同書状の存在からこの年にも長宗我部―平の関係は健在であり、おそらくは長宗我部―平―曽根の関係も維持されていたと思われる。

　元親は伊予においても同盟者を獲得し、覇業を進めていたのである。しかし、他の戦国大名と同様に武力侵攻していたのは事実である。以下では、信頼できる史料から知られる伊予侵攻における武力行使の状況をみてゆこう。

久武親信の戦死

　元親が伊予侵攻を開始した天正四年頃、伊予南部の宇和郡を支配していたのは西園寺公広《さいおんじきんひろ》*であった。天正八年の発給と考えられている三月十八日付の三善治部少輔*宛法華津前延《ほけづさきのぶ》*書状によれば、天正七年夏に長宗我部勢が宇和郡三間に進攻してきたが、西園寺勢は防戦におよび「久武」をはじめとして「宗徒《むねと》之者数百人」を討ち取っている（『阿波国徴古雑抄』）。「久武」とは久武内蔵介（助）親《ちか》信《のぶ》*のことである。親信は長宗我部氏による伊予侵攻の指揮官であった。この親信をはじめとして「宗徒」つまり「おもだった者」だけでも数百人が討死したのである

＊**西園寺公広**　?～一五八八年。藤原氏閑院流の西園寺家は鎌倉時代に伊予宇和郡を入手し、一族の公俊が下向した。その流れをくむ伊予西園寺家は黒瀬（愛媛県西予市）を拠点に宇和郡を支配した。

＊**三善治部少輔**　生没年不詳。詳細は不明であるが、京都の西園寺家に仕えていた人物と考えられる。

＊**法華津前延**　生没年不詳。法華津範延の子。法華津氏は法華津（愛媛県宇和島市）を拠点とし、代々伊予西園寺家の配下にあった。前延は西園寺公広に仕えた。

＊**久武親信**　?～一五七九年。久武氏は長宗我部家臣団のうちでもっとも家格の高い「三家老」の家柄。一五七九年、伊予宇和郡（愛媛県宇和島市）の岡本城をめぐる攻防で戦死した。

から、この敗戦によるダメージは元親にとって甚大なものであった。このような苛烈さが示すように、元親による伊予侵攻では激しい武力衝突もおこっていたのである。そのため、コラムで紹介するような元親に対する恐怖を示す伝承が四国各地で生まれることになったのであろう。

ただし、戦死した親信がただ武力行使のみに執着していたかといえば、そうではない。先に、「天正五年もしくは同六年の発給と考えられている七月六日付の出雲守宛元親書状」と述べたが、この年代比定の根拠は書状に「久武内蔵介」すなわち親信が登場することである。書状では、詳細は親信が平出雲守に伝える旨が記されている。つまり、先に示した長宗我部―平―曽根という関係は人物に即して整理しなおすと、元親―親信―出雲守―宣高という関係になる。親信は戦闘における指揮だけでなく同盟関係の構築にも携わっていたのである。こうした親信の役割は弟親直に継承された。先に、「天正七年以降に発給された七月二十八日付の出雲守宛元親書状」と述べたが、この年代比定の根拠は書状に「久武彦七」すなわち親直が登場することである。書状では、詳細は親直が出雲守に伝える旨が記されている。つまり、元親―親信―出雲守―宣高という関係は親信の死により、元親―親直―出雲守―宣高という関係にシフトしたのである。このことが象徴するように、元親は親信死後はその弟親直を伊予侵攻の指揮官に任命していたのである。実際、親直は天正十二年七月に元宅の要請をうけて長宗我部―金子同盟を保障する起請文を元宅に

黒瀬城跡
西予市教育委員会提供

送って同盟関係の維持につとめていたのであり（『愛媛県史資料編古代・中世』）、また先にもみたように同年同月に親直は讃岐の十河勢の抵抗に対応すべく元宅に自身の讃岐東部への出陣を要請していたのである。

　前後してしまったが、ここで法華津前延や三善治部少輔について説明しつつ、織田信長と西園寺氏との関係について付言しておこう（尾下成敏「羽柴秀吉勢の淡路・阿波出兵」、藤田達生『証言本能寺の変』）。法華津前延は伊予西園寺家の有力家臣であり、いっぽうの三善治部少輔は京都西園寺家の家司《けいし》*であった。三月十八日付の前延書状は、伊予西園寺家から京都西園寺家に対する四国情勢の報告だったのである。同書状では、この報告と関連して西園寺公広の身上が無事であるように「信長公御奉行」に働きかけてくれるよう依頼されている。伊予南部の宇和郡で元親と交戦していた公広は信長と結びついていたのである。こうした関係もまた、天正九年に元親と織田政権とが断交することになった一因と考えられている。

　ここでみた三間における親信戦死が象徴するように、指揮官自身をはじめとして

＊家司　公卿の家政機関である政所の職員。

多数が討死してしまうような壮絶な戦いがあった事実、つまり元親が武力も行使していた事実を閑却《かんきゃく》してはなるまい。こうした事実との関係で見逃せないのは、讃岐侵攻のところで説明した麦薙・稲薙という戦術である。

深田城攻めと稲薙

天正十二年のものと判断される九月十五日付の金子元宅宛元親書状によれば、この年にも元親は因縁の地である宇和郡三間に軍勢を派遣しており、九月十一日には深田城*を落城させていた（『愛媛県史資料編古代・中世』）。こうした城攻めが示すように、やはり元親は四国制覇において武力も行使していたのである。武力行使に関連して注目されるのは、今回の侵攻でとられた戦術である。同書状で元親は、侵攻地域のあらゆる所で「立毛《たちげ》」を刈り払い、勝利をおさめているとの報告をうけたことを元宅に知らせている。

「立毛」とは収穫前の農作物であり、時期が九月という点に着目すれば、稲のことであろう。つまり、長宗我部勢は侵攻地域で稲薙を敢行していたのである。宇和郡が山がちである点に着目するならば麦薙をともなっていた可能性もあるが、いずれにせよ長宗我部勢が「無差別的・総合的作戦行動」と評される農民たちにとって過酷な戦術をとっていたのはまちがいない。このように元親は四国制覇において非情ともいえる作戦も実施していたのである。『南海通記』のエピソードが描くような美談に目を奪われてナイーブに元親の人物像を創造すべきではあるまい。さもなくば、元親という一人の戦国大名を侮るだけでなく、彼が生き抜いた戦国時代を錯

＊ 深田城　伊予宇和郡（愛媛県宇和島市）の城。一ノ森城ともいう。城主は京都の西園寺家の一族竹林院氏であったとされている。

誤してしまうことにもなろう。

ここでも元親の外交センスを看取しておきたい。元親が右の書状で深田城攻略など伊予南部における自軍の戦果を伝えたのは、単なる戦況報告ではなかった。元親は同盟者であった元宅に安心感を与えて自身への信頼感を強化しようとつとめていたのである。このように、元親はただ軍事的征服をするだけではなく、その成果を情報として利用していた。これはまさに、巧みな外交を展開していた元親の面目躍如といえよう。

湯築城跡

湯築城における抵抗

前述のように、一九九一年に発表された藤田達生氏の論文により、河野氏が降伏していなかった事実が明らかになった（藤田『日本近世国家成立史の研究』）。本書でも、この藤田説を支持する立場をとっている。つまり、天正十三年（一五八五）春の河《こう》野《の》通直《みちなお》*の降伏は史実ではなかったと考えている。ところが、中野良一氏によって河野氏降伏説が再提示された（中野「湯築城跡出土の瓦について」、同『湯築城跡』）。中野説は、河野氏の本拠であった湯築城の跡から出土した瓦が長宗我部氏の岡豊城（Ⅲ参照）・中村城の跡

---

* **河野通直**　一五六六～一五八七年。河野氏は伊予の守護家。伊予温泉郡（愛媛県松山市）の湯築城を拠点として長宗我部勢力に抵抗しつづけたが、一五八七年に秀吉によって安芸へ退去させられた。

から出土した瓦と同笵であること——もしくは同笵の可能性がきわめて高いこと——を主たる論拠としている。この中野説をふまえるかたちで、四国統一説そのものの是非を今後も検証してゆく必要があるとの指摘もなされている（桑名洋一「『長宗我部氏の四国統一』についての一考察」）。このように、元親の伊予侵攻に関する研究ではいわば〝先祖返り〟がみられる。

しかし、この中野説に対して、藤田氏は「服属した大名の城郭に岡豊城と同笵の瓦を葺かせたという事例はあるのだろうか」と疑問を提示している（藤田「伊予八藩成立以前の領主と城郭」）。この藤田氏の疑問に対する明快な回答が示されない限りは藤田説にしたがうべきであろう（拙著『長宗我部氏の研究』）。つまり、湯築城を拠点とする河野通直が長宗我部氏に対する抵抗を継続しており、元親は湯築城をついに攻略できなかったと考えるべきであろう。われわれは四国統一説の〝亡霊〟から、そろそろ解き放たれてもよいのではないだろうか。

五　元親と島津氏

島津氏との交流

ここで、時間的にも地域的にも視野を広げて四国制覇ともかかわる島津氏との交流をみてゆこう。元親が土佐統一を進めている永禄十一年（一五六八）の段階で、すでに長宗我部領と島津領との間では廻船《かいせん》*が往来していた。年月日欠であるが、同年のものとみなされる書状（写）にもとづいて（『鹿児島県史料旧記雑録拾遺家わけ二』）、その状況について述べてゆこう（以下、福島金治「戦国島津氏琉球渡海印判状と船頭・廻船衆」、拙著『長宗我部氏の研究』参照）。

書状は大隅に盤踞《ばんきょ》した肝付《きもつき》*氏の家臣薬丸兼将《やくまるかねまさ》*が長宗我部氏の「家老」として知られている江村親家《えむらちかいえ》*に宛てたものである。この書状が出される契機となったのは、「土佐船」をめぐるトラブルであった。当時、島津氏と抗争中の肝付氏は島津領であった日向《ひゅうが》の櫛間《くしま》周辺を海上封鎖していた。そこに土佐浦戸の「土佐船」が通りかかり、検問にかかったのである。この「土佐船」の存在からは、永禄十一年つまり元親の土佐統一以前から浦戸船籍の廻船が櫛間周辺を通過していたことが判明し、その目的地は島津領であったと考えられる。永禄期には、長宗我部領と島津領との間で土佐の廻船が往来していたのである。なお、実現しなかったと推測されるが、兼将は書状で長宗我部領と肝付領との間の廻船往来を提案していた。

こうした長宗我部領と島津領との間の「土佐船」の往来には、長宗我部氏が浦戸を当時掌握していたこと、元親家臣の親家に対して兼将が書状を送っていること、これらからすると長宗我部権力が関与していたとみられる。ただし、次に注目する元親宛書状（写）の内容からすると（『鹿児島県史料旧記雑録後編一』）、それはあくまで

＊**廻船**　貨物を輸送する海船の総称。廻船による海運業は中世からみられ、近世になるといちじるしく発展した。

＊**肝付氏**　大隅国肝属郡（鹿児島県肝属郡肝付町）の在地領主。一五六八年当時は肝付良兼の代で、島津氏と抗争していた。しかし、良兼のあとを継いだ兼亮は一五七四年に島津氏に降服する。

＊**薬丸兼将**　?～一五七六年。肝付氏の家臣。一五七六年、肝付勢は隣国日向に侵攻し、伊東勢と戦った。兼将は、この戦いで戦死したとされている。孤雲とも称した。

＊**江村親家**　生没年不詳。江村氏は長宗我部氏の庶流で「家老」の家柄とされている。親家は「家老」の吉田重俊の子として生まれ、江村親政の養子となり、江村氏を継いだといわれる。

民間レベルでの往来だったようである。この書状は差出書・年月日ともに欠いているものの、発給者は島津義久*、発給年は天正四年と判断される。これにもとづいて、長宗我部氏と島津氏との交流のはじまりについて述べてゆこう（以下、拙著『長宗我部氏の研究』参照）。

「いまだ申しなじまず候といえども」（原文は「雖未申馴候」）という書き出しが示すように、この書状による通信が大名権力としての長宗我部氏と島津氏との初の交流であった。その契機となったのは、天正三年に櫛間あるいはその周辺で土佐の船が肝付氏に拿捕《だほ》された事件であった。事件ののち、義久は肝付兼護《かねもり》*が島津氏に降服して出向いてきたので、拿捕した船の送還を肝付氏に命じた。この船は鹿児島から土佐に帰る途上であったと推測され、土佐の廻船の往来が天正三年頃においても継続していたことがわかる。こうした廻船の往来を前提にして、義久は勢力下においた櫛間などを経由する廻船往来を元親に提案した。以降、大名間の協約のもとで長宗我部氏と島津氏との交易が開始したと考えられる。

天正十年に島津家臣の上井覚兼《うわいかっけん》から元親に書状が送付され、翌年には元親からの返事が覚兼のもとに届いたことが知られる（『上井覚兼日記上』）。また、天正十六年の時点で浦戸に「日向細島からの来往者」がいたと推論されており（秋澤繁・荻慎一郎編『土佐と南海道』）、この細島は天正六年十一月以降は島津氏の支配下に入っていた。これらの例からすると、天正四年以降、長宗我部氏と島津氏との関係は交易を

＊島津義久　一五三三～一六一一年。薩摩鹿児島（鹿児島市）を本拠地として薩摩・大隅・日向を支配した戦国大名。一五八七年、日向で羽柴秀長の軍勢に敗れ、豊臣秀吉に降伏した。

＊肝付兼護　一五六一～一六〇〇年。一五七五年、兄兼亮にかわり擁立され、肝付氏を継いだ。兼亮は島津氏に降服したが、微妙な関係にあったようで、島津氏のもとに出向くことはなかった。そこで、一五七六年、兼護は降服の意思をあらためて示すために島津氏のもとに出向いたのであろう。兼道とも称した。

通して良好であったと考えてよかろう。だからであろう、天正十四年に元親は島津氏に「大船」を進上するのである。

島津氏への「大船」進上

天正十四年八月、元親は島津氏に「大船一艘」を進上した（『上井覚兼日記下』）。この進上は当時の長宗我部氏がおかれていた状況からすると、一見、不可解である。

本書でも述べてきたように、元親が秀吉に降伏したのは天正十三年であった。翌年の七月、秀吉は島津攻撃を決定し、長宗我部氏にも出撃命令を下していた。ところが、元親はその翌月に島津氏に「大船」を進上したのであり、豊臣政権に対して面従腹背の姿勢をとっていたことになる。豊臣政権との関係悪化を招く危惧があるにもかかわらず、元親は「大船」を進上し、島津氏との良好な関係を維持していたのである。

そもそも元親にとって、島津氏あるいはその領国との交流はどのような意義が存在したのであろうか（以下、拙著『長宗我部氏の研究』参照）。まず、戦国期の政治的状況に着目して考えてみよう。前述のように幡多《はた》郡など土佐西部を勢力圏としていたのは一条氏である。その当主兼定《かねさだ》の母は豊後の大友義鎮《よししげ》（宗麟《そうりん》）姉妹、妻は義鎮娘、姉妹は日向の伊東義益*（義祐嫡子）の妻であった。このような婚姻関係は天正二年に長宗我部勢力によって追放された兼定が舅義鎮をたより豊後に渡り、翌天正三年に義鎮の援助をうけて渡川《わたりがわ》の戦いで失地挽回を目指した事実が示すように軍事的

* 伊東義益　一五四六～一五六九年。伊東義祐の嫡子。一五六三年、一条房基の娘つまり一条兼定の姉妹を妻とした。一五六〇年に家督を相続していたが、一五六九年に早世する。以後、義祐は兼定の姉妹が生んだ義賢を後見したという。

にも大きな意味を有していた。こうした一条―大友・伊東の協調関係、そして島津氏と伊東氏との対立関係を念頭においた場合、島津氏との交流は軍事的にはまさに遠交近攻策にあたる。さらに、長宗我部領と島津領との交易ルートには土佐西部の一条領、豊後の大友領、日向の伊東領を迂回しうる利点が存在した点も考えると、島津氏との交流には一条―大友・伊東の協調に対する軍事・経済の両面における対抗策としての意義が認められよう。

次に、南海路*に着目して交流の意義を考えてみよう。秀吉に服属して豊臣政権下の大名となった元親にとっては、右のような対抗策としての意義は消失していたはずである。しかし、元親は島津氏との関係を断絶せずにいた。それは天正四年に開始したと考えられる島津氏との交易が元親には魅力的だったからではないだろうか。元親は廻船による交易とともに廻船業者の土佐居住も奨励するなど（『長宗我部氏掟書』）、交易に熱心であった。

先にみた櫛間は南海路および南九州―琉球ルートの重要港で琉球はもとより中国や東南アジアにもつながっていたと考えられる（若山浩章「海に生きる」）。このような国際交易港を島津氏は他にも数カ所有しており、その島津氏との交易は間接的にではあるが、国際交易に連なることを意味しよう。元親は島津氏との交易を通して対明交易・対琉球交易・対東南アジア交易に参入しえたと想定されるのである。こうした国際交易への参入が、元親にとっての島津氏との交流の意義として認められ

＊南海路　広義の南海路は五島（あるいは種子島）―九州南端―九州東岸―豊後水道―土佐沿岸―紀伊水道をへて畿内にいたる航路、狭義の南海路は土佐沿岸を通過する航路（秋澤繁「『日本一鑑』からみた南海路」）。

よう。

ところで、前述のように、島津氏への「大船」進上は豊臣政権に対する面従腹背の行為といえる。ならば、元親には「律義第一の人」という評は相応しくないように思われる。しかし、視点をかえてみるとどうであろうか。一条―大友・伊東の協調に対する軍事・経済の両面における対抗策として交流していた経緯を重視するならば、元親と島津氏とは盟友であった。秀吉に服属したとはいえ、元親は手のひらをかえしたように島津氏との関係を断つことはしなかったのである。むしろ、利敵行為とみなされる危険を覚悟のうえで、かねてよりの良好な関係を維持していたのである。島津側からみた場合、元親はまさに「律義第一の人」といえるだろう。

六　四国制覇の実像

四国制覇の秘訣　元親は四国を統一したとはいいがたい。なぜなら、本章でみてきたように阿波・讃岐・伊予のいずれにおいても反長宗我部勢力の抵抗は継続しており、元親はそれぞれの拠点であった土佐泊城・虎丸城・湯築城をついに攻略できなかったからである。しかしながら、元親は四国における覇業を遂行していたのであり、四国随一の戦国大名であったことはまちがいない事実である。戦国期の四国における長宗我部氏のプレゼンスは絶大なもので、元親は四国を制覇したと評してよいだろう。それを可能とした要件の一つが長宗我部氏の軍事力であったことはいうまでもない。本章でも言及した中富川の戦いにおける勝利、十河城の攻略、深田城の攻略、これらの例が示すように元親は軍事力も用いて四国を制覇していったのである。その軍事行動は伊予侵攻の指揮官久武親信の戦死や麦薙・稲薙といった戦術から知られるように苛烈さや過酷さもともなっていた。

ただし、元親が四国を制覇できた重視すべき秘訣は彼の外交手腕であろう。元親は自身の兄弟や子など一族を国人家に入嗣するあの手段も用いながら、阿波・讃岐・伊予のいずれにおいても広範に同盟関係を構築していった。かねてより、阿波の日和佐氏、讃岐の香川氏、伊予の金子氏、これらとの同盟関係が知られていた。近年、あらたに〝発見〟された諸史料によって、阿波の四宮氏や伊予の曽根氏・平氏の事例などをはじめとして同盟関係の存在がさらに明らかにされつつある。

同盟関係にあった諸氏に対して送られた元親の書状からは、元親の外交姿勢がみてとれる。先にみた出雲守宛元親書状では「御知行」「御計策」といった表記がとられており、この「御」からもうかがえるように、元親は宣高や出雲守に対して敬意を払っていた。元親は、同じく伊予の同盟者であった金子元宅に対する書状でも基本的には「御」などを使用して敬意を払っていた。こうした丁重な文言が示す、「慇慇懃の人」に相応しい低姿勢に元親外交のモットーを看取すべきであろう。こうした四国の諸氏との関係は従属関係というよりは、同盟関係であったとみなすべきであろう。

このような関係をふまえると、元親には覇者よりも盟主という呼称の方が相応しいと考えられる。元親にとっては、同盟者として紹介してきた人物たちは支配下の武将というよりも、盟友であったというべきではなかろうか。しかし、四国制覇を進めるためのうわべだけの低姿勢と思われなくもない。この点とかかわる、元親外交の今一つのモットーについてみておこう。

外交にみる元親像

同盟者に対する元親書状などで使用される丁重な文言が示す「慇懃の人」らしい低姿勢は、元親外交のモットーの一つであると考えられる。この姿勢ははたして、うわべだけのもの、つまりはポーズだったのであろうか。本書では元親を「律義第一の人」と紹介してきた。ならば、同盟関係を結ぶにあたって約束された事項の履行が確認されるはずであろう。

伊予における同盟者であった金子氏の継嗣は元宅の次男毘沙寿丸《びしゃじゅまる》であった。生前の元宅は毘沙寿丸に対して置文で、元親・信親らと何度もかさねて申し合わせているので、周敷家・氷見家といった分家の存在を懸念しなくともよい旨をいい残していた（『愛媛県史資料編古代・中世』）。つまり、元宅の遺子毘沙寿丸の行く末は元親の援助に委ねられていたのである。この点からは同盟者元親に対する元宅の信頼のあつさがうかがえよう。では、元宅が天正十三年に伊予の高尾城で戦死したのち、毘沙寿丸をはじめとする金子一族にはいかなる処遇が待っていたのであろうか。

盟友たちへの配慮

『長宗我部地検帳』からは、土佐における金子一族らの次のような状況が知られる（拙著『長宗我部氏の研究』）。長岡郡江村《えむら》郷には毘沙寿丸の知行が二箇所存在した。元親は、毘沙寿丸に知行を与えて金子氏を存続させていたのである。また、香美《かみ》郡で「金子久左衛門」「金子介衛門」「金子二良左衛門尉」などが、安芸郡では「金子平兵衛」「金子平大夫」などが、それぞれ知行や屋敷を与えられている。彼らは名字からして、元宅の一族と推測されよう。幡多郡の観音寺《かんのんじ》村・古津賀《こつか》村・佐岡《さおか》村には、「伊与衆　金子給」が計九筆分存在した。これらは元宅の一族の知行とみてまちがいなかろう。

また、同じ幡多郡の平田村には「金子周防《すおう》給」が計四筆分存在した。この金子周防という人物は元宅の長男宅明《いえあき》と推定されている（白石友治『金子備後守元宅』）。このように元親は毘沙寿丸をはじめとする金子一族を土佐に保護していたのである。さらに、長岡郡の笠川村・左右山村・久礼田《くれだ》村には、「石川給」「石川殿給」が複数存在した。「与州牢人」という註記が付された筆があることから、これらは元宅の主家にあたる石川氏やその当主虎竹の給地とみてよいだろう。以上のように元親はかつての同盟者元宅の信頼を裏切っておらず、その継嗣毘沙寿丸をはじめとする金子一族やさらにはその主家にあたる石川一族も長宗我部氏の保護のもと豊臣期の土佐に居住していたのである。

また、讃岐の香川氏やその家臣らも土佐に移住していた（唐木裕志・橋詰茂『中世の讃岐』、橋詰『瀬戸内海地域社会と織田権力』）。『元親記』では、天正十三年に元親が秀吉に降伏したのち、香川信景・親和父子はともに土佐に移り、「東小野」に「屋形」を建てて居住したとされている。『長宗我部地検帳』によれば、長岡郡江村郷の「東小野村」に「東小野御土居」が存在しており、これが信景・親和父子の「屋形」があった屋敷地と考えられている。

さらに、『長宗我部地検帳』からは、土佐における香川氏やその家臣の次のような状況が知られる。幡多郡の山田郷については、「香川殿様」「香五様」という記載が複数ある。「香五良様」という記載も確認されるので、後者の「香五様」とは香川五郎次郎つまり親和でまちがいあるまい。ならば、前者の「香川殿様」は信景のことと考えてよいだろう。土佐に移住した信景・親和父子は屋敷地だけではなく、給地もえていたのである。

同じ山田郷では観音寺備前守と河田三郎衛門尉の給地が確認され、両人は香川氏の家臣と考えられている。この両人以外にも三野氏など香川氏の家臣とみてよい諸氏の給地が土佐各地に散見する。さらに、吾川《あがわ》郡の仲村郷には「羽床上様御粧田」があった。この「羽床上様」とは羽床資載あるいはその子の妻とみられている（吉村佐織「豊臣期土佐における女性の知行」）。元親が秀吉に降伏したのち、浪人となった資載は病死したようであるが、その関係者は土佐に移住していたのであり、これもかつての同盟者に対する保護の一環とみなすべきであろう。

阿波の日和佐氏については、肥前守の弟とみられる権頭が土佐に移住していた。権頭は元親が秀吉に降伏したのち浪人となった時期があったものの、慶長期には香美郡赤岡《あかおか》村に居住していた。赤岡村は香宗我部領内であり、かつて香宗我部親泰が日和佐氏との交渉を担当していたため、同地に移住したのであろう（平井上総『長宗我部氏の検地と権力構造』）。

このように、元親は覇業に力を貸してくれた他国の盟友やその一族らを、秀吉への降伏によって覇業が挫折したのちは土佐に保護していたのである。元親は盟友たちに対する恩を忘れてはいなかったのである。こうした律義さが同盟関係の構築と維持を支えていたのであり、元親の〝強さ〟の秘訣ひいては四国制覇の秘訣だったといえよう。元親は、一領具足を率いて武力一辺倒で四国統一を成し遂げた人物である。こうした虚像が払拭されたとすれば、そして元親は「慇懃の人」「律義第一の人」と評されるに相応しい外交姿勢をとり、「しと〳〵」と外交手腕を発揮して四国を制覇した人物であると納得いただけたならば、本章の目的は達成されたことになる。

コラム

「チノハナ」「ミノコシ」―元親が阿波に残した地名

本文で述べたように、阿波南部の沿岸部に侵攻した長宗我部勢は海部城《かいふ》を陥落させた。この海部（現海陽町）の海岸部には「チノハナ」「ミノコシ」という地名がある（以下、上野智子「鞆浦とその周辺の海岸部地名」参照）。「チノハナ」は地図では「乳の鼻」と記されているが、「血の鼻」が正しいとみられている。それは、長宗我部勢が海部を攻めた時、「チノハナ」付近の海が兵士の血で赤く染まったという伝承が存在するからである。また、「ミノコシ」については二説の語源解釈が存在する。「三残し」「見残し」の二説であるが、いずれも長宗我部勢による海部攻めにちなむとされている。前者は長宗我部勢が「三人だけを残した」、後者は「見逃した」という解釈なのだそうである。

元親は大量殺戮も辞さない侵略者として恐れられてきたといえよう。本書では、元親による四国制覇の諸相を同盟者の獲得を観点としてみたが、いっぽうで苛烈な戦いがあった事実も指摘した。ここでみた地名からすると、阿波南部でも苛烈な戦いがあったと想定できる。

ただし、長宗我部氏に関する阿波の伝承は慎重な吟味を要するようである（以下、石尾和仁「長宗我部元親による阿波国侵攻の『記録』と『記憶』」参照）。阿波の寺社に関しては、長宗我部勢の放火により焼失したとする伝承が多く伝わる。元親が過酷な麦薙・稲薙という戦術もとっていた事実からすると、寺社への放火もありえそうではある。しかし、伝承のいくつかは後世の創作と推察されている。元親が秀吉に降伏したのち、阿波を与えられたのは蜂須賀氏であった。周知のとおり、蜂須賀氏は江戸時代も阿波の大名でありつづける。寺社には、この蜂須賀氏を称揚し、同氏との関係を維持・強化するために「由緒」創出が必要となった。こうした蜂須賀氏への追従と裏腹の関係で、放火の伝承が創作され、長宗我部氏に対するマイナス評価が固定化されていったのではないかと指摘されている。

Ⅲ

元親の土佐を歩く

上空からみた高知城跡

岡豊城跡主郭部

南国市岡豊町八幡一〇九九番地

【交通】ＪＲ土讃本線高知駅（バス停「高知駅前」〈「高知駅バスターミナル」も可〉）からバス（領石・奈路・田井方面ゆき）で三〇分。バス停「学校分岐」下車、徒歩一〇分。

バス停「学校分岐」のすぐ南（バス停「高知駅前」方面からのバスだと進行方向の右手）に標高九七メートルの岡豊《おこう》山がある。その山頂を目指してバス停から舗装道路を徒歩で登ってゆくと、一〇分ほどで高知県立歴史民俗資料館にいたる（図版参照）。なお、同館までＪＲ土讃《どさん》本線高知駅（バス停「高知駅前」）からゆけるバスもあったが、二〇一三年九月にこの便は廃止された。

さて、高知県立歴史民俗資料館から遊歩道を徒歩で数分登れば、山頂にいたる。山頂には詰《つめ》（城の最後の曲《くる》輪《わ》）があり、これを中心とする一帯が岡豊城跡の主郭部となっている。なお、岡豊城跡に関しては、本丸に該当する曲輪には詰、二ノ丸・三ノ丸に該当する曲輪には二ノ段・三ノ段などの呼称が使用されている。

岡豊城跡詰
南国市教育委員会提供

岡豊城は四国制覇を進めていた頃の元親の居城であり、本章の冒頭で取り上げるのに相応しい必見の史跡である。岡豊城に関する史料は皆無に等しいが、数次の発掘調査によって次々と興味深い〝発見〟がなされてきた。二〇〇八年七月には岡豊城跡は国史跡に指定され、二〇一三年現在も

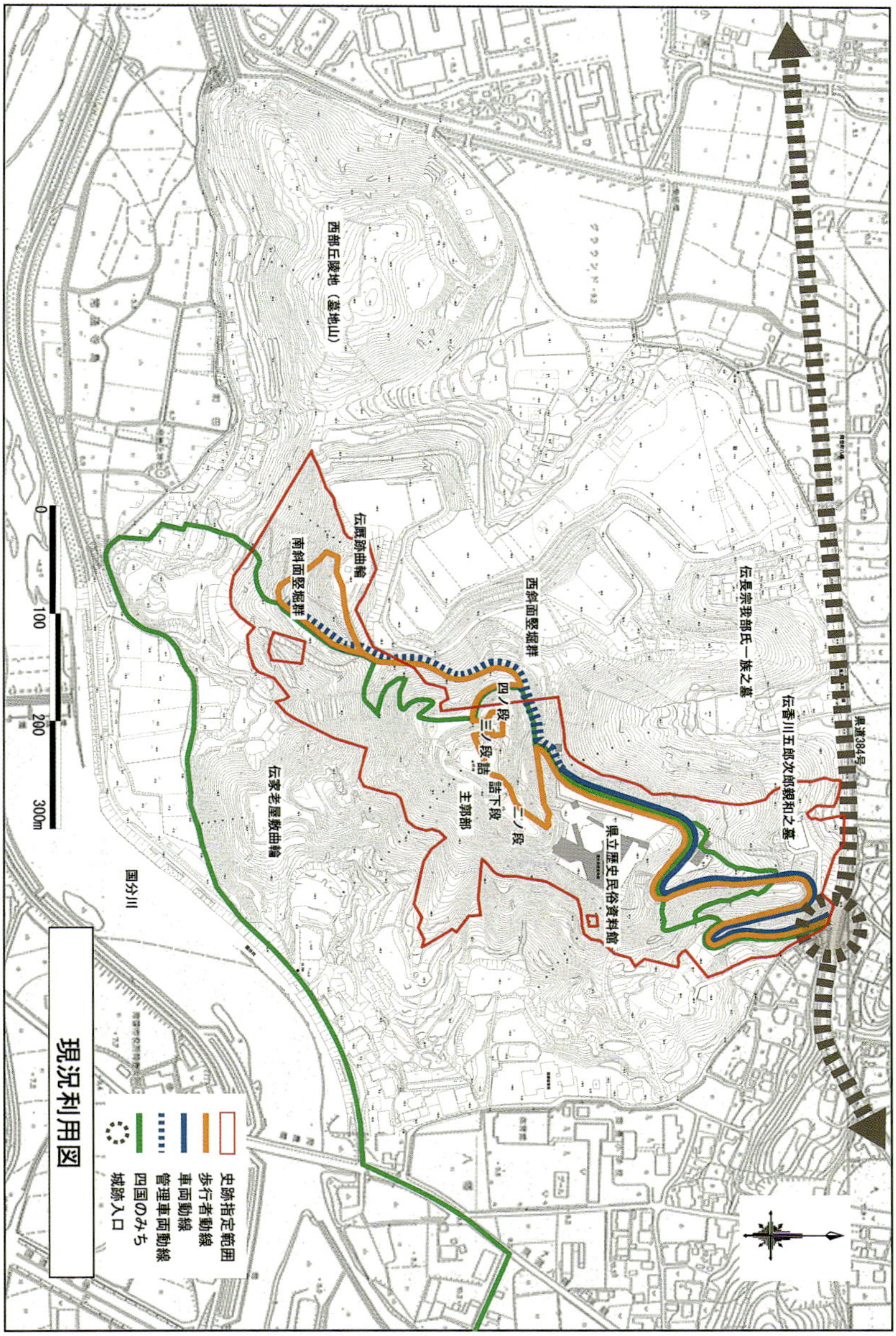
現況利用図
史跡指定範囲
歩行者動線
車両動線
管理車両動線
四国のみち
城跡入口
西部丘陵地（墓地山）
伝厩跡曲輪
南斜面竪堀群
西斜面竪堀群
四ノ段
三ノ段
詰
詰下段
二ノ段
主郭部
伝家老屋敷曲輪
県立歴史民俗資料館
伝長宗我部氏一族之墓
伝香川五郎次郎親和之墓
県道384号
国分川
0
100
200
300m

岡豊城遺構図　同前提供

周辺で発掘調査が継続されている。以下、こうした調査の成果に導かれながら、やや紙幅を多めに割いて、詰・詰下段・二ノ段・三ノ段・四ノ段の順で主郭部をみてゆこう（以下、高知県教育委員会編『岡豊城跡—第1～5次発掘調査報告書—』、南国市教育委員会『史跡岡豊城跡保存管理計画書』参照）。

紀年銘瓦　同前蔵

詰は岡豊城跡の中心となる曲輪で岡豊山の山頂に位置している。一辺四〇メートルの三角形であり、北東に二ノ段、南から西にかけては三ノ段・四ノ段が配置されている。詰の西南部では二棟の礎石建物跡や四〇～六〇センチメートルの割石を幅一～一・五メートル、長さ一六メートルにわたって敷いた石敷遺構などが確認された（図版参照）。石敷遺構の存在から二層以上の建物があったのではないかと推定されている。

詰出土の遺物でとくに注目されているのが紀年銘《きねんめい》瓦である（図版参照）。この瓦には「おかう之御」「瓦工泉州」「天正三」といった文字が刻まれており、岡豊城で使用された瓦は天正三年に和泉の瓦職人が製作したものであったと考えられている。天正三年といえば元親が土佐を統一した年であり、また織田信長が安土城の築城を開始する前年にあたる。こうした時期にすでに瓦が導入されていた事実からは元親をめぐる様々な交流が想定されており、例えば、信長の意をうけた明智光秀が関与していたとの見方もある（加藤理文『織豊権力と城郭』）。

詰下段は詰の東の一段低いところに位置し、詰に付随する曲輪である（図版参照）。一棟の礎石建物跡、土塁、三ノ段への通路と考えられる遺構などが確認された。この詰下段は、二ノ段から詰にいたる入口を守るための曲輪であったと考えられている。

二ノ段は堀切によって詰とへだてられた、長さは約四五メートル、最大幅は約二〇メートルの曲輪である（図版参照）。堀切は敵の侵入を防ぐために尾根などを切断した堀の一種で、この堀切の中央部では方形の井戸が確認されている。二ノ段の南部には高さ六〇センチメートルの土塁が三〇メートルにわたって残っていた。建物跡の遺構は確認されなかったが、多量の焼土や炭化物にまじって瓦や陶磁器片などが出土している。

三ノ段は詰を南から西にかけて取り巻くように造られた、南部は幅約五メートル、長さ約四五メートル、西部は幅約四〜六メートル、長さが約五〇メートルの曲輪である。西部では一棟の礎石建物跡や詰にいたる通路の階段状の遺構、そして土塁とその内側の石積みなどが確認された。この礎石建物跡

詰下段　以下、同前提供

二ノ段

三ノ段

四ノ段

畝状竪堀群　同前提供

と土塁・石積みの間は排水用と考えられる溝となっていた（図版参照）。

四ノ段は三ノ段の西部を囲むように造られた、中央部の虎口により二分される曲輪である。北部は方形で南北約一二メートル、東西約一五メートル、南部は南北約三二メートル、東西約一六メートルである。北部では土塁や一棟の礎石建物跡などが、南部では土塁の割石が確認された。城の出入口である虎口は敵が簡単には攻め込めないように設計されており、四ノ段の虎口の場合は土塁を東に曲げて造られている（図版参照）。この四ノ段の周辺もそうであるが、岡豊城跡ではじつに多くの畝《うね》状竪堀《たてぼり》群が確認されている（図版参照）。

ここまでみてきたような岡豊城は城郭史上どのように位置づけられているのであろうか。一般に、織豊系城郭とは瓦・礎石建物・石垣の三つの要素を特質とするとされている。岡豊城跡でも、瓦は先ほど紹介した詰出土の紀年銘瓦だけでなく、二ノ段・三ノ段からも出土しており、礎石建物跡は詰・詰下段・三ノ段・四ノ段で確認されている。しかし、岡豊城跡では三ノ段に石積みが残っていたものの、石垣は確認されていない。こうした諸点に着目し、中井均氏は岡豊城は畝状竪堀群が随所にみられる戦国期でも後半の形態をとっており、「織豊系城郭と遜色のない城郭」と指摘している（中井「織豊系城郭の地域的伝播と近世城郭の成立」）。石垣が築かれていないので、「遜色のない」という評価にとどまるものの、元親が整備した岡豊城は織豊系城郭の直前の段階のものと位置づけられる城なのである。

なお、岡豊城跡を探訪する前に高知県立歴史民俗資料館とりわけ二階の長宗我部展示室を予習かたがた見学しておくのがよいであろう。

岡豊城跡「伝家老屋敷曲輪」

南国市岡豊町八幡一〇九九番地

【交通】ＪＲ土讃本線高知駅（バス停「高知駅前」〈「高知駅バスターミナル」も可〉）からバス（領石・奈路・田井方面ゆき）で三〇分。バス停「学校分岐」

下車、徒歩一〇分。

前項で紹介した岡豊城跡主郭部の三ノ段から南東方向に徒歩で数分くだってゆくと、山裾近くの削平地にいたる。ここが最近脚光をあびている「伝家老屋敷曲輪」である（図版参照）。この曲輪は国史跡の指定範囲外であるが、将来の追加指定を目指して発掘調査がなされてきた。こうした調査によって、岡豊城の〝再発見〟ともいえる成果があがっている（以下、南国市教育委員会『史跡岡豊城跡保存管理計画書』、同「平成24年度岡豊城跡伝家老屋敷曲輪第3次調査現地説明会資料」参照）。

曲輪の北端部では密集する柱穴が検出された（図版参照）。とくに切岸直下には三間×三間の掘立柱建物があったようで、硬い岩盤を選んで深い柱穴が掘られているので、この建物は堅固であったと考えられている。また、この建物は前述の詰の礎石建物と同様に、東西南北の方位にしたがって建てられていた。曲輪の東側には張り出している部分があり、確認された柱穴などの状況から、ここには見張り台のような建物があったと考えられている。曲輪の虎口には直交する溝状の遺構があり、その両側には六つの柱穴が確認された。こうした点から、門のようなものがあったとみられている。

このように「伝家老屋敷曲輪」は防御性を強く意識して造られていたのであり、とくに重要な曲輪であったことが明らかとなった。これと関連して興味をそそられるのが曲輪に隣接する南東側の場所で確認された柱穴である（図版参照）。柱穴は国《こく》分《ぶ》川に接する岩盤に掘られており、ここには船着き場があったのではないかと推測されている。この推測もふまえて、詰にいたる岡豊城の登城ルートは再考されるようになった。

「伝家老屋敷曲輪」　同前提供

北端部に密集する柱穴　同前提供

南東側の場所で確認された柱穴　同前提供

現在は岡豊山の山頂を目指してバス停「学校分岐」から舗装道路を登って、高知県立歴史民俗資料館を経由して詰にいたる。つまり、現在はおおむね北側からアクセスするルートが使用されている。しかし、当時は「伝家老屋敷曲輪」に入り、しかるのちに南側の斜面を登って詰にいたるルートも使用されていたと考えられる。さらに、「伝家老屋敷曲輪」の防御性を考慮すると、このおおむね南側からアクセスするルートがむしろ本来のメインルートであったのではないかとさえ考えられる。このルートが船着き場に接続していることからすると、国分川の水運とのつながりも考えるべきであろう。もしかすると、元親も船で国分川を遡上し、船着き場で降り、そこから「伝家老屋敷曲輪」をへて登城したのかもしれない。

水運とのつながりという点で見逃せないのが、「伝家老屋敷曲輪」の出土遺物である。中国製の磁器や国産の備前焼・瀬戸焼が出土しており、ほとんどが一六世紀後半のものである。これらは元親が交易によって入手したと考えられるのであり、とくに中国製の磁器の出土は元親が島津氏との交易を通して対明交易に参入しえたという想定の妥当性を示しているといえないだろうか。「伝家老屋敷曲輪」とその周辺は岡豊城やその城主元親の〝再発見〟につながるエリアなのであり、今後の発掘調査の成果そしてそれをふまえた国史跡の追加指定が期待される。

　交易に言及したついでといってはなんだが、岡豊城下町にもふれておこう。『長宗我部地検帳』という史料に恵まれていたからであろう、岡豊城下町の研究は城下町研究の嚆矢ともいえる。そのため、元親が岡豊城の東側に新市を整備していたことは研究者の間では周知の事実である。ただ、一般にはあまり知られていないようである。それは、新市だったエリアが現在は水田地帯となっているからであろう。現在も確認できる新市の短冊状の区割りは大ぶりであり、一見すると、圃場《ほじょう》整備事業の結果によるもののようにみえてしまう（前掲図版「上空からみた岡豊城跡」の右端の河川と道路に囲まれたあたり）。しかし、このエリアではそのような事業が実施されたことはなく、やはり元親時代の新市の名残と考えるべきなのである。岡豊城跡見学のおりには、「伝家老屋敷曲輪」に関する新知見も念頭において現地を訪れてみてはいかがだろうか。

中国製の磁器　同前提供

土佐神社（一宮神社）

高知市一宮しなね二丁目一六番地―一

【交通】ＪＲ土讃本線高知駅（バス停「高知駅前」〈高知駅バスターミナル〉も可）からバス（医大方面ゆき）で一五分。バス停「一宮神社前」下車、徒歩三分。

バス停「一宮神社前」には、ＪＲ土讃本線高知駅（バス停「高知駅前」〈「高知駅バスターミナル」も可〉）から領石・奈路・田井方面ゆきのバスでもゆける。JR土讃本線高知駅方面からだと、このバス停「一宮神社前」で下車し、北東（バス進行方向）に向かうとすぐ左手に土佐神社の楼門があらわれる。その楼門をくぐり、参道を北に進んでゆくと、正面に土佐神社の社殿

土佐神社社殿　土佐神社提供

がある（図版参照）。

土佐神社は一言主神《ひとことぬしのかみ》と味耜高彦根神《あじすきたかひこねのかみ》を祭神としており、土佐国の一宮であった。そのため、土佐の人々そして支配者たちは当社を崇敬していた。右でふれた楼門は土佐藩二代目藩主の山内忠義《ただよし》が建立したものであり、そして社殿は元親が再建したものであり、これらは国指定重要文化財となっている。

社殿の再建に結実した元親による一宮の再興事業は永禄十一年（一五六八）に開始された。この事業は「戦国大名としての起点を劃する現象」（秋澤繁書評「高知県史古代・中世篇」）あるいは「土佐国の領主や民衆たちに対し、信仰面においても自らが土佐国の新たな統治者となることを内外に告知する演出の舞台」と評されているように（市村高男「永禄末期における長宗我部氏の権力構造」）、土佐統一を進める元親にとって画期的な意味があった。

そもそも、一宮の再建が必要だったのは、元親の宿敵本山氏が永禄六年に岡豊を攻撃した際に焼亡したからであった（以下、市村「永禄末期における長宗我部氏の権力構造」参照）。元親は永禄十一年六月、「一宮再興人夫割帳」（『高知県史古代中世史料編』）を作成し、事業に動員すべき人夫の数を一族や家臣団に提示した。同年、元親は本拠本山《もとやま》城で抵抗していた本山氏を降伏させ、土佐中央部を勢力圏におさめる。このように、一宮の再興事業は、それまで土佐中央部における最大勢力であった本山氏と雌雄を決するにあたり計画、着手されたものであ

った。土佐の人々そして支配者の崇敬の対象であった一宮の庇護者となることは、土佐支配においてきわめて重要な意味があり、それゆえ元親は永禄十一年に事業を開始したのである。この事業に対する「演出の舞台」なる評はいいえて妙であろう。

『長宗我部地検帳』では、一宮やその神主が権益を有していた所領を多数確認することができ、これらの存在が示すように長宗我部氏は一宮に対する保護を豊臣期においても継続していた。それは、長宗我部氏こそが依然として土佐の支配者たることを象徴する行為だったと考えられる。また、慶長元年（一五九六）十二月晦日付の一宮社家中宛非有斎奉書が示すように（高知県立歴史民俗資料館『長宗我部元親・盛親《もりちか》の栄光と挫折』）、土佐の支配者たる長宗我部氏にとって同社は頼るべき存在でもあった。この奉書によれば、長宗我部盛親は「御武運長久・福貴・御安全」の奇瑞とされる牛玉《うしのたま》（牛の額にできる毛の塊で、牛王《ごおう》とも呼ばれた）を一宮に奉納している。それは、盛親が武運長久などの祈禱を執り行うことを一宮に期待していたからにほかなるまい。こうした奉納や祈禱は盛親の私的行為ではなく、公的な意味があったと考えるべきであろう。長宗我部権力における非有斎の立場もふまえるならば、これらは土佐を支配する長宗我部権力の公的な宗教行事であったと位置づけてよいだろう（拙著『長宗我部氏の研究』）。

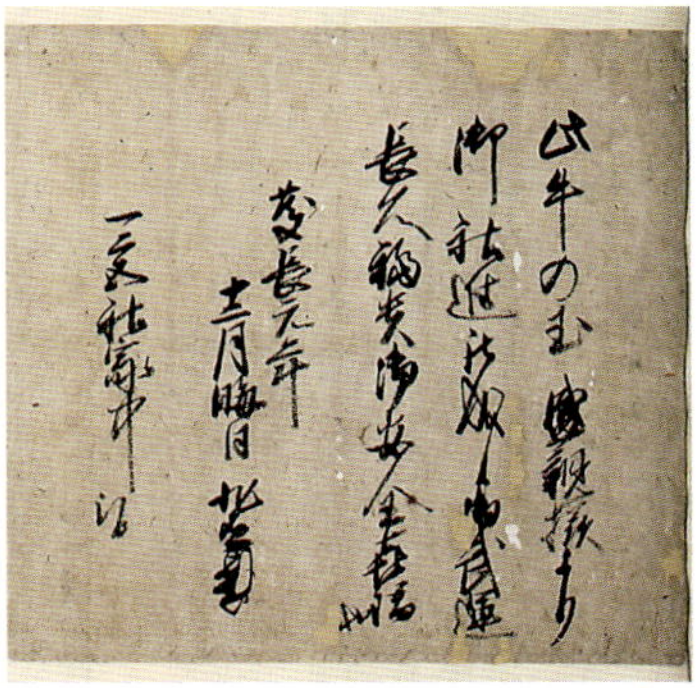
非有斎奉書
土佐神社蔵、高知県立歴史民俗資料館提供

最後に、武運長久の祈禱との関係で付言しておかねばならないのは、一宮と後述の若宮八幡宮とにかかわる伝承である。元親が再建した一宮の社殿は「入蜻蜓《とんぼ》（蜻蛉）」式（舞いおりるトンボの姿に似た様式）、若宮八幡宮のそれは「出蜻蜓」式（飛びあがるトンボの姿に似た様式）となっており、一宮では凱旋が報告されたのに対して、若宮八幡宮では出陣の際に戦勝が祈願されたという。

高知城跡（大高坂城跡）

高知市丸の内一丁目二番地付近

【交通】 ＪＲ土讃本線高知駅から徒歩で二五分。もしくは、電停「はりまや橋」から土佐電鉄（いの方面ゆき）で五分。電停「高知城前」下車、徒歩五分。

高知城

ＪＲ高知駅から土佐電鉄桟橋線《さんばし》にそって南へ直進し、電停「蓮池町通」のあたりで右折すると追手筋に入る。この追手筋は日曜市が開かれる目抜き通りとして有名な観光スポットである。追手筋はその名のとおり高知城の追手門から東にのびている通りであり、ここを西に直進してゆくと高知城（図版参照）にいたる。この城の天守閣をはじめとする建物は国指定重要文化財、城跡は国史跡に指定されている。

追手門を通りかかると、「え！　国宝？」という見学者の声を聞くことがあるので、老婆心ながら解説しておこう。追手門の前には追手筋に向かって「国宝高知城」と刻まれた石碑がどことなく誇らしげに建っている。これは昭和九年（一九三四）に高知城が旧国宝の指定をうけた時の記念として建てられたものである。しかし、すぐそばにある「国宝の碑について」という案内板にも説明があるように、昭和二十五年の文化財保護法の制定により、高知城の建物は国指定重要文化財となった。くれぐれも、誤解なきよう。

さて、高知城といえば江戸時代に土佐の大名であった山内氏の土佐支配を象徴するモニュメントであり、元親とは関係がないのではと思う方もいるであろう。しかし、高知城が存在する大高坂《おおだかさ》そしてここに築城された大高坂城は、けっして見過ごしてはならない元親ゆかりの地なのである。

かつては元親が岡豊から大高坂に本拠地を移転したのは秀吉への降伏後の天正十六年とされていたが（山本大『長宗我部元親』など）、同十三年春には元親自身が大高坂に移住していたようである（下村效《いさお》『戦国・織豊期の社会と文化』）。さらに、同十一〜十二年頃にはすでに元親は本拠地の移転政策を進めており、その理由として四国制覇の過程で本拠地としては岡豊が手狭になったこと、また物流の支配における利便性に優れた地を求めたことが指摘されている（市村高男「戦国の群雄と土佐国」）。元親は四国随一の戦国大名に相応しい本拠地として、鏡《かがみ》川・国分川・久万《くま》川・江《え》ノ口《くち》川など複数の河川が集まり、かつ外港浦戸にも近く、水上交通の便に恵まれた大高坂を選択したのであろう（前掲図版「上空からみた高知城跡」参照）。

かねてより、元親が天正十六年までには「大テンス」つまり大天守の建築をはじめとして、大高坂城とその城下町を整備していたことは知られていた（『長宗我部地検帳』）。ただ、後述のように、元親は朝鮮出兵に対応すべく天正十九年頃より大高坂から浦戸へ本拠地をさらに移動する政策をとった。このため、大高坂城は元親の築城した城としてはさほど関心が寄せられてこなかったように思う。ところが、二〇〇〇年に開始された高知城跡三ノ丸の発掘調査によって、俄然、大高坂城と元親との関係についての議論が活発になった（以下、吉成承三・筒井三菜編『史跡高知城跡三ノ丸石垣整備事業に伴う発掘調査報告書』、中井均「織豊系城郭の地域的伝播と近世城郭の成立」参照）。

桐紋瓦
高知県立埋蔵文化財センター所蔵

発掘調査に

「長宗我部期石垣」の復元展示

おける出土物では、なんといっても桐紋《きりもん》瓦（図版参照）が注目を集めている。とくに二〇〇〇年に出土した桐紋瓦は出土層位から判断して元親時代のものであり、三ノ丸にあった礎石建物に葺かれていたと考えられている。豊臣政権は桐紋瓦・菊紋瓦を権威の象徴とすべくその使用を制限するようになるので（加藤理文『織豊権力と城郭』）、大高坂城における桐紋瓦の使用は元親と豊臣政権との関係を考えるうえでまことに興味深い事実である。

また、遺構のなかでも特筆すべきは、元親時代の石垣である。この石垣は高さ二・七メートル、長さ一三メートルの規模の高石垣であり、織豊系の石垣構築技術が導入されていた。ここに、石垣が導入されていなかった岡豊城つまり「織豊系城郭と遜色のない城郭」とは一線を画する大きな違いがある。石垣、桐紋瓦、そして大天守などの礎石建物、これらが示すように大高坂城はまさに織豊系城郭であり、豊臣政権下の大名となった元親に相応しい城だったのである。浦戸が大高坂に比べて狭隘な地であったことからすると、おそらく、浦戸へ本拠地を移動する政策と並行して大高坂城の整備は継続されていたとみられる。

以上のように、現在の高知城跡はまちがいなく元親ゆかりの史跡なのである。地元でもあまりアピールされていないためか、あまり見学者をみかけないが、三ノ丸にある「長宗我部期石垣」の復元展示（図版参照）はおすすめの見所である。

朝倉城跡

高知市朝倉丁

【交通】ＪＲ土讃本線朝倉駅から徒歩二五分（朝倉城跡詰ノ段まで）。

ＪＲ朝倉駅の改札を出ると、右手に標高一〇三メートルの小高い城山《じょうやま》が見える（図版参照）。この竹林が目立つ山に、高知県指定史跡となっている朝倉城跡がある。駅前からだとほぼ正面に伸びる県道三八号線を七分ほど歩いてゆき、歩道橋をくぐると「朝倉城跡　登り口」の案内板が目に入る。この案内板の矢印にしたがって、右手の細い坂道を五分ほど登ってゆくとT字路に突きあたる。ここで右折し、さらに三分ほど登ってゆくと北城山公民館があり、その側に城跡の地図を載せる説明板がたっている。まずは、その地図を参考にして詰ノ段を目指すのがよいだろう。公民館からだと一〇分ほどで詰ノ段にいたる。やや不安を覚えるような細い山道を経由しなくてはならないので、解放感がある詰ノ段に到着した時は安堵することであろう。

本丸にあたる詰ノ段は、城山の山頂にあり南北は最長四〇メートル、東西は最長三〇メートルの台形をしている（以下、高知市教育委員会『朝倉』参照）。詰ノ段からは、ここに設置されている説明板の朝倉城跡平面図を参考にして探訪するとよいだろう。堀切をはさんで詰ノ段の西側に対峙する詰西ノ段、その堀切の北側にある井戸、そしてこれらが位置するエリアから南北の両斜面に伸びている竪堀などを見学してはどうだろうか。長宗我部

朝倉城跡（駅から）

氏の城では竪堀がよくみられるが、朝倉城跡の竪堀には目を見張るものがある。なかでも、見つけやすさを重視するならば、詰西ノ段の西側にあり、南斜面の堀切と対称的な方向に伸びている北斜面の「北面第四竪堀」とも呼ばれる竪堀の見学をおすすめしたい。上部の幅は一〇・五メートル、基底部の幅は一・七メートル、深さは四～四・六メートルもある堂々たる竪堀であり、東側上部の内側に割石と川原石を積んだ石垣とみられている箇所が存在する。その箇所は、二〇一三年六月七日の時点で

朝倉城跡（竪堀）

も目視できた（図版参照）。

朝倉城跡では他の竪堀にも石垣とみられている箇所が存在し、こうした箇所の評価は朝倉城のそれとも大きくかかわる。『長宗我部地検帳』によれば、天正十六年には詰ノ段などが「荒」となっていた。つまり、検地の実施以前から朝倉城は廃城の途上にあったことになるので、石垣とみられている箇所は戦国期のものである可能性が高い（市村高男「永禄末期における長宗我部氏の権力構造」）。元親の居城であった岡豊城跡でさえ石垣は確認されていないことからすると、朝倉城が土佐とくに西方の統一を進める元親にとっていかに重要な城であったかが知られよう。

そもそも、この朝倉城は長岡郡の本山氏が土佐郡・吾川《あがわ》郡に進出するための一大拠点とした城であった。しかし、永禄三年（一五六〇）五月に長浜合戦でその本山氏に勝利した元親は、同六年頃には朝倉城を奪取した。そして、前述の「一宮再興人夫割帳」によれば、元親は永禄十一年には朝倉衆を編成していた。この朝倉衆には守護代細川氏の一族十市宗等（宗桃）や長宗我部一族の長宗左衛門進も含まれており、構成員は九四人で最大の

衆であった。『長宗我部地検帳』の「宗桃様旦」「長左衛門進旦」（「旦」は曲輪のこと）などの記載から、宗桃や左衛門進がかつては朝倉城に配置されていたことが確認される。こうした朝倉衆の編成と配置、そして朝倉城奪取までの経緯、これらからすると「長宗我部氏が本拠岡豊城についで重要視していたのが朝倉城である」という指摘にしたがうべきであろう（市村高男「永禄末期における長宗我部氏の権力構造」）。朝倉城跡は他の見学地とはかなり離れているものの、時間に余裕があれば歩いてみたい史跡である。

なお、この竪堀周辺をはじめとして、朝倉城跡は竹の多い林でうっそうとしている。自戒を込めて、冬場の見学をすすめたい。とはいえ、個人的な感傷にふけることを許していただくと、四月初旬の心地よい晴れの日の記憶がよみがえる。いろいろな意味で余裕があった頃、そんな日には先輩の日本近世史家と一緒に〝登城〟し、詰ノ段で弁当とビールを楽しんだものだった。

若宮八幡宮

高知市長浜六六〇〇番地

【交通】バス停「南はりまや橋」からバス（仁野ゆき）で二〇分。バス停「西の宮」下車、徒歩二分。

バス停「南はりまや橋」方面からだと、バス停「西の宮」で下車すれば、いやがおうでもすぐに若宮八幡宮《わかみやはちまんぐう》の境内が目に入る。地元高知では、若宮八幡宮の行事といえば、毎年四月に豊作を祈願して早乙女が人々の顔に泥をぬる「どろんこ祭り」を思い浮かべるのが常であったように思う。ところが、こうした常識を覆す異変がおこっている。それに一役買っているのが、本書の主人公元親である。

若宮八幡宮は、源頼朝も崇敬した京都の六条《ろくじょう》左女牛《さめうし》八幡宮を勧進したものといわれており、その勧進は文治元年（一一八五）頃ではないかと考えられている。土佐国とくに中央部の武士たちは同社を崇敬していたと思われ、長宗我部氏もやはりそうであった。文禄三年（一五九四）十一月の棟札《むなふだ》によれば（高知県立歴史民俗資料館『長宗我部盛親』）、元親・盛親父子は同社に「武運長命・国家安全祈所」として「横殿《よこどの》」を新造している。元親らは武運長久・国家安全の祈禱を担う神社として若宮八幡宮を庇護していたのである。右の棟札にはこの事業を担当した四人の「御奉行」が列記されており、その筆頭には非有斎《ひゆうさい》があがっている。「横殿」の建立や同所での祈禱は、非有斎の立場もふまえるならば、一宮の例と同様に土佐を支配する長宗我部権力の公的な宗教行事であったと位置づけてよいだろう（拙著『長宗我部氏の研究』）。

一宮との関係で想起されるのは、社殿の様式にかかわる伝承である。若宮八幡宮の社殿は「出蜻蜓《でとんぼ》」式、一宮のそれは「入蜻蜓」式となっており、若宮八幡宮では出陣の際に戦勝が祈願されたのに対して、一宮では凱旋が報告されたという。さらに、この若宮八幡宮における祈願の起源にかかわる伝承がある。それは元親が初陣に際して若宮八幡宮で戦勝祈願をしたという伝承であり、今日の若宮八幡宮とその周辺に大きな影響を与えている。

若宮八幡宮

若宮八幡宮の境内からは、バス停「西の宮」がある道路をはさんで南東方向に参道が伸びている。この参道を境内とは逆の方向に三分ほど歩いてゆくと、左側に「長宗我部元親公初陣之像」（前掲図版参照）がそびえている。銅像のもとに掲示されている「初陣像由来記」によれば、この銅像は長宗我部元親公初陣銅像建立期成会が「元親公没後四百年」にあたる一九九九年に建てたものである。そのポーズは、初陣すなわち永禄三年五月におこった長浜戸《ながはまと》の本《もと》の戦いで槍を用いて奮戦したという伝承にもとづいている。この伝承と初陣に際する戦勝祈願の伝承とがあいまって、「長宗我部元親公初陣之像」という銅像が若宮八幡宮の参道近くに建てられたのである。そして、建立の翌年の二〇〇〇年からは五月に初陣祭が若宮八幡宮の行事として開催されるようになった。さらに、若宮八幡宮の行事ではないが、二〇一二年からは同月に「長宗我部まつり」も開催されるようになった。こうした行事の場である若宮八幡宮とその周辺は元親ファンにとっては、いわば〝聖地〟になったといっても過言ではなかろう。

「長宗我部信親の墓」
（長宗我部元親の墓）

高知市長浜八五七番地―三

【交通】バス停「南はりまや橋」からバス（長浜ゆき）で一八分。「長浜出張所」下車、徒歩六分。

バス停「南はりまや橋」方面からだと、バス停「長浜出張所」で下車し、南（バス進行方向）に向うと県道二七八号線に出る。この県道を西（右）に向かうと、右手に雪蹊寺《せっけいじ》がみえてくる。この雪蹊寺は四国八十八カ所第三十三番札所である。雪蹊寺境内の東側の一郭に宝《ほう》篋印塔《きょういんとう》（塔婆《とうば》の一形式で、墓塔や供養塔として造立された）が建っていて、それが「長宗我部信親の墓」（図版参照）とされてきた。いっぽう、後述の天甫寺《てんぽじ》山の山腹に建っている宝篋印塔が「長宗我部元親の墓」とされてきた。

しかし、下村效氏の研究によれば、「元親・信親墓碑入替説」が江戸時代の史家によって唱えられており、この「入替説」の再評価が必要なようである。ここでは、下村氏の研究に学びながら、その是非を考えてみよう（以下、下村『日本中世の法と経済』参照）。

江戸時代の土佐で奥宮正明《おくのみやまさあき》（一六七九～一七二六年。『土佐国蠹簡集《とかんしゅう》』などの編者で、考証に優れていた）らの史家たちが「入替説」を唱えた理由はいたってシンプルである。

正明らは元親・信親の法名・菩提寺・墓所の不整合を問題視した。元親の法名は雪蹊恕三《せっけいじょさん》、菩提寺は雪蹊寺であるにもかかわらず、墓所は天甫寺山とされていた。これに対し、信親の法名は天甫常舜《じょうしゅん》、菩提寺は天甫寺であるにもかかわらず、墓所は雪蹊寺とされていた。こうした元親や信親の法名・菩提寺・墓所の関係を整理すると次のような関係になる。

元親―雪蹊恕三―雪蹊寺―天甫寺（山）

信親―天甫常舜―天甫寺―雪蹊寺

元親の法名は雪蹊恕三であり、一説では雪蹊は遣明使として二度中国に渡ったことで著名な天龍寺の策彦周良《さくげんしゅうりょう》が命名したとされる。この法名が元親のものであることは確実であり（後述のように信頼してよい史料である「絹本著《けんぽんちゃく》色《しょく》長宗我部元親画像」の賛によっても確かめられる）、元親と信親の法名が入れ替わっている可能性は皆無である。当然、それぞれの菩提寺も入れ替わっている可能性は皆無といってよいだろう。そこで、正明らは墓所が入れ替わったと判断したのである。こうした「入替説」はシンプルかつ明快な説明であり、説得力に富むといえよう。

ところが、やはり土佐の史家で

雪蹊寺

「長宗我部信親の墓」

あった中山厳水《いずみ》が『土佐国編年紀事略』（書物として成立したのは厳水死後の一八四七年）で天甫寺山の宝篋印塔が元親の墓であると断じてからは「入替説」は影を潜めた。厳水――あるいは同書の補正にあたった子息浄水《きよみ》や後援者寺村成相《しげみ》――が有力な根拠としたのは「予」つまり〝自身〟で確認した天甫寺山の宝篋印塔の碑文であった。当時は読み取り可能だった碑文には「前羽林土佐太守従四位下行雪蹊恕三大禅定門」と記されていたということなので、この碑文が本物ならば、『土佐国編年紀事略』の説を支持すべきであろう。

しかし、後述の「絹本著色長宗我部元親画像」の賛には「贈正五位雪蹊恕三大禅定門」とある。この賛は盛親の依頼をうけて禅僧の惟杏永哲《いきょうえいてつ》が元親死去の翌月にしたためたものであり、信頼すべき同時代史料である。つまり、元親は没後に正五位を追贈されたのであり、「従四位下」は荒唐無稽というほかない。宝篋印塔の碑文は偽作だったのである。よって、この宝篋印塔は元親の墓と考えるべきではない。法名・菩提寺・墓所の整合性からすると、「入替説」が妥当と考えてよいだろう。

下村氏の研究により、「入替説」はいわば〝復権〟したのである（なお、下村氏は雪蹊寺の宝篋印塔が元親・信親どちらの墓でもない可能性も指摘した）。著者も「入替説」を支持する立場をとるが、この説は地元ではうけ入れられているとはいいがたい。そのため、観光案内などのパンフレット類では雪蹊寺にある宝篋印塔が「長宗我部信親の墓」として紹介されている。見学の際には、是非ともこの「入替説」を念頭においてもらいたい。なお、入れ替わりの理由については、山内氏に対する雪蹊寺の憚《はばか》りとみる推測がある。

秦神社

高知市長浜八五七番地一

【交通】バス停「南はりまや橋」からバス（長浜ゆき）で一八分。「長浜出張所」下車、徒歩六分。

「長宗我部信親の墓」がある雪蹊寺境内から東北方向

長宗我部元親坐像
秦神社蔵、高知県立歴史民俗資料館提供

に向かうとすぐ隣の秦《はだ》神社にいたる。この秦神社は元親を主祭神と仰ぐ神社である。元親の菩提寺であった雪蹊寺は廃仏毀釈によって明治三年（一八七〇）に廃寺となったため、元親を祀る神社として秦神社が創建された。その際、「絹本著色長宗我部元親画像」や「長宗我部元親坐像」（図版参照）など元親ゆかりのものが雪蹊寺から秦神社に移された。前者は国指定重要文化財（現在は高知県立歴史民俗資料館に寄託されている）、後者は高知県指定文化財となっている。ともに元親のビジュアルなイメージと不可分の文化財なので、少し詳しく解説しておこう。

「絹本著色長宗我部元親画像」（本書カバー参照）は、元親に関心を寄せている方なら誰しも目にしたことがあろう。この元親画像には二一八代東福寺住持であった惟杏永哲が賛をしたためている。永哲は豊臣政権の外交を担った五山僧の一人として知られている。永哲は豊臣秀吉の命にしたがって、天正二十年（一五九二）四月に南禅寺の玄圃霊三《げんぽれいさん》、そして鹿苑僧録《ろくおんそうろく》経験者で秀吉の外交ブレーンとして著名な相国寺《しょうこくじ》の西笑承兌《せいしょうじょうたい》とともに肥前《ひぜん》名護屋《なごや》に着陣した。彼らは朝鮮出兵の前線基地である名護屋で文書を作成するなどして朝鮮出兵に参画した（北島万次『豊臣政権の対外認識と朝鮮侵略』）。さらに、永哲は文禄二年（一五九三）六月に秀吉の命によって日明間の講和交渉における和議条件を明側の担当者沈惟敬《しんいけい》に伝えるために朝鮮に渡海し、釜山に数カ月滞在した（『宿《しゅく》蘆稿《ろこう》』）。このように永哲は秀吉の信頼厚い五山僧であった。だからであろう、慶長五年（一六〇〇）六月に「豊臣秀吉画像」（前掲図版）にも賛をしたためており、この秀吉画像は秀吉没後二年足らずのうちに作成されたことが明確な「優品」と評されている（『秀吉と桃山文化』）。同じく、永哲が賛をしたためている「絹本著色長宗我部元親画像」も「優品」といえるのではないだろうか。

その賛には「孝子写　慈容《じよう》、請賛《さん》於予」と記されており、この箇所を読み下すと、「孝子慈容を写し、賛を予に請う」となる。これによれば、元親画像は元親死後に盛親が描かせ、そのうえで永哲に賛の執筆を依頼して完成したものであることがわかる。そして、賛の「慶長四稔《ねん》己亥《きがい》六月、如意珠日《にょいじゅじつ》」という記述からは、作成時期が慶長四年六月の「如意珠日」であったことが明らかとなる。「如意珠日」とは吉日の異称である（加藤一寧「如意珠日について」）。つまり、元親画像は元親の子盛親によって元親死去の翌月に作成されたものであることが明白で、やはり「優品」といってよいだろう。この画像は六十歳頃の元親の実像を忠実に描いていると考えられる。その表情は「しと〳〵」というあの擬態語に相応しいように思われる。

「長宗我部元親坐像」（木像）の元親は画像と同じ束帯姿をしており、同時期の製作とみられている。ただし、前者の元親の目つきの方が後者のそれよりも〝鋭い〟感じがするなど、両者の元親の表情からは異なった印象をうける。秦神社の宝物の画像と坐像を見学する機会があれば、「しと〳〵」を思い浮かべつつ、鑑賞してみてはいかがであろうか。

時間に余裕があれば、秦神社から足をのばし、元親初陣の戦場であったとされる地を見学してみるのもよいだろう。再三述べてきたように、元親の初陣は永禄三年五月の長浜戸の本の戦いで、その戦場跡とされているのが「戸の本古戦場」である。

秦《はだ》神社の鳥居を出て、すぐ目の前の県道二七八号線を横切り、新川川《しんかわがわ》にかかる小さな橋をわたる。ここで右に向きをかえて、川沿いに六分ほど歩いてゆくと、左に入る小道がある。この小道を一分ほどゆけば、戸の本一号公園にいたる。園内には「戸の本古戦場」であることを示す説明板と碑がある。碑には「古墳也勿毀」の文字が刻まれている。説明板によれば、その碑文の読みは「コフンナリ　コボツナカレ」で、「この辺一帯は、古い墳墓のある土地です。むやみに掘り返してはいけません」といった意味が込められているという。また、この説明板では、田畑となった戦場跡では戦没者の遺骨が露出することがあるので、「識者により注意喚起のためこの碑が建てられたものと考えられます」と説明されている。これらは伝承にほかならないが、そのことを念頭におきつつ、この地で元親の初陣について思索にふけってみてもよいのではないだろうか。

「長宗我部元親の墓」（長宗我部信親の墓）

高知市長浜六六一九番地

【交通】バス停「南はりまや橋」からバス（桂浜ゆき）で二〇分。バス停「元親公史蹟前」下車、徒歩三分。

バス停「南はりまや橋」方面からだと、バス停「元親公史蹟前」で下車すると、そこから北（バス進行方向からすると左）に伸びる小道がある。その小道の正面にみえるのが天甫寺山であり、南側の山腹に宝篋印塔（図版参照）が建っている。この宝篋印塔は「長宗我部元親の墓」とされており、高知県指定文化財にもなっている。しかし、先に述べたように、元親・信親の法名がそれぞれ雪蹊恕三・天甫常舜である事実を重視するならば、天甫寺山に存在する宝篋印塔を信親の墓とみる「入替説」に賛同すべきであろう。雪蹊寺にある「長宗我部信親の墓」とされてきた宝篋印塔の場合と同様に、見学の際には是非この「入替説」を念頭においてもらいたい。

ところで、バス停「元親公史蹟前」から天甫寺山に伸びる小道の脇には「愛馬之塚」（図版参照）がある。『元親記』に記された「愛馬」に関するエピソードの概要を

「長宗我部元親の墓」

紹介しておこう。天正十四年（一五八六）に戸次《へつぎ》川の戦いで、信親の討死を見た元親は自身の討死も覚悟して乗っていた内記黒という馬から降り、敵を待ち構えた。しかし、家臣の十市新右衛門尉は元親に退くことを進言する。内記黒は行方知れずとなっており、新右衛門尉が別の馬に元親を乗せようとしていたところ、その内記黒が元親のもとに戻って来た。そこで、新右衛門尉は元親を内記黒に乗せ、元親とともに退却したというのである。

愛馬之塚

ちなみに、『土佐物語』では内記黒は元親が秀吉から拝領した馬とされている。この内記黒こそが「愛馬」であり、「愛馬之塚」の前で思わず涙してしまう元親ファンもいると仄聞する。

長浜は元親初陣の地として、またその初陣ゆかりの若宮八幡宮や「長宗我部元親公初陣之像」が建っていることでよく知られている。しかし、ここで紹介した「長宗我部元親の墓」そして先に紹介した「長宗我部信親の墓」もまた長浜に建っている。これらに関しては「入替説」が存在するものの、説の正否にかかわらず、元親の墓は長浜に存在することになる。長浜は、元親の初陣の地としてだけでなく、元親のレクイエムの地としても歩いてみるべき地区といってよいだろう。

浦戸城跡

高知市浦戸城山八三〇番地付近
【交通】バス停「南はりまや橋」からバス（桂浜ゆき）で二五分。バス停「龍馬記念館前」下車、徒歩二分。

バス停「南はりまや橋」方面からだと、バス停「龍馬記念館前」で下車し、バス進行方向の左前方の坂道を登ってゆくと、国民宿舎 桂浜《かつらはま》荘と高知県立坂本龍馬記念館が建つ平坦部にいたる。ここが浦戸《うらど》城跡の詰ノ段であり、その北東隅に高知市指定史跡の浦戸城天守跡が位置している。現在の駐車場の北端から「浦戸城天守跡」と書かれた板の矢印にしたがって階段をあがり、ほんの少しだけ山道を登るとそこが天守跡である（図版参照）。天守跡は詰ノ段よりも七メートル高く、いびつな台形である。上部の南北の幅は一五メートル、東西の幅は一一メートルで、斜面には石垣の痕跡とみられる石が露出している。

浦戸城天守跡

浦戸城跡
高知県立埋蔵文化財センター提供

詰ノ段では一九九三年の桂浜荘改築に際して野面《のづら》積みの石垣や石塁が検出されたが（図版参照）、現在は目にすることはできない。ただ、「浦戸古城蹟図」（図版参照）には、「五間四方」の天守跡だけでなく石垣や井戸も描かれており、往時の浦戸城の姿が想像できる。

こうした浦戸城跡の現状も影響しているのであろう、元親が浦戸城を本拠としていたことは意外と地元高知でも知られていない。前述のように、元親は天正十九年（一五九一）頃より大高坂から浦戸に本拠地を移動する政策をとっていた。元親はもとより盛親や奉行層の浦戸への移住もある程度は達成されており、また一族の津野親忠なども浦戸城下に屋敷を有していた（平井上総『長宗我部氏の検地と権力構造』）。どうして元親は、自身もいったんは本拠地とし、のちに山内一豊《やまうちかずとよ》も本拠地に選んだほどの大高坂ではなく浦戸をわざわざ新たな本拠地としたのであろうか。もっとも有力視されている要因は、朝鮮出兵への対応である（市村高男「戦国の群雄と土佐国」、中井均「織豊系城郭の地域的伝播と近世城郭の成立」）。大高坂に比べて狭隘な浦戸が本拠地の条件として大高坂にまさる点をあげるとするならば、太平洋に直結しているといった海運上の利点くらいしかないからである。「浦戸古城蹟図」からも明らかなように、浦戸は東・南・北の三方が海に面する地であり、ここに築かれた浦戸城は太平洋に突き出た城であった。浦戸へ本拠地を移動する政策と並行して大高坂城の整備も継続されていたとみられるが、長宗我部氏が改易される慶長五年（一六〇〇）の段階でも浦戸城は居城であったと考えるべきである。

関ヶ原合戦後、徳川・長宗我部の両氏の間では盛親「減転封」で合意が形成された（以下、平井上総「関ヶ原合戦と土佐長宗我部氏の改易」参照）。そこで、家康家臣の井《い》伊直政《いなおまさ》は「減転封」にともなう浦戸城接収のために自身の家臣鈴木重好《しげよし》を土佐に派遣する。この接収に抵抗する長宗我部家臣の抗戦派が蜂起し、「浦戸一揆」がおこった。これが主因となり、長宗我部氏は改易されてしまう。こ

浦戸城跡出土石垣
高知県立埋蔵文化財センター提供

こで、注目されるのは、徳川氏が接収しようとしたのが浦戸城だったことであろう。この事実からすると、公的には、当時の長宗我部氏の居城は大高坂城ではなく、浦戸城だったと考えるほかあるまい。さらに、直政は重好に浦戸城と中村城の「城米」「諸道具」の接収などについても指示しているのに、大高坂に関しては指示していない。一揆発生の場が浦戸であったこともふまえるならば、やはり当時の長宗我部氏の居城は大高坂城ではなく、浦戸城だったと考えるほかないのである（拙稿「朝鮮出兵と長宗我部氏の海洋政策の一断面」）。

ところが、土佐に入国した山内一豊は浦戸城ではなく大高坂城すなわち高知城を居城として整備してゆく。それは、一豊が朝鮮出兵はもう実施されることはない、つまり朝鮮半島とのファナティカルな往来が終焉したと判断したからであろう。土佐一国の大名が浦戸を本拠地とする理由は失われたのである。浦戸城は廃城となり、いっぽうで高知城は天守閣が象徴するように、いまだに山内氏による土佐支配のモニュメントとして偉容を誇っている。両城をめぐる歴史そして現状が示すように、十六世紀末の土佐は未曽有の対外戦争に対応する長宗我部

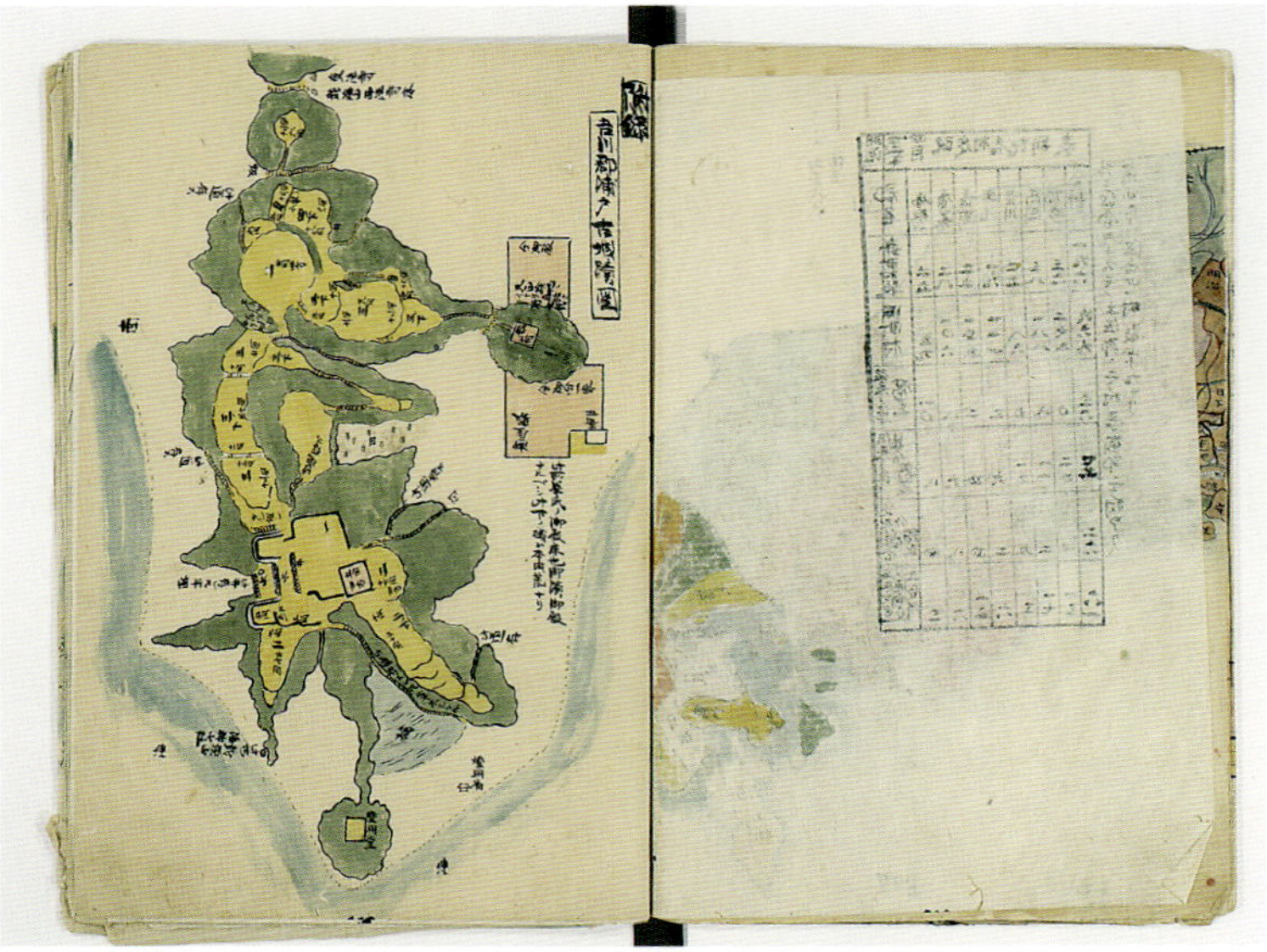

「浦戸古城蹟図」 高知県立図書館蔵

氏のもとで、たやすくは回顧しえない刹那的な変貌をみせていたといえよう（拙稿「朝鮮出兵と長宗我部氏の海洋政策の一断面」）。

最後に番外編として、この変貌と深くかかわる異国の元親ゆかりの地を紹介しておこう。

泗川倭城跡

大韓民国泗川市龍現面船津里
【交通】晋州《チンジュ》市外バスターミナルからバス（泗川《サチョン》ゆき）で三五分。泗川市外バスターミナル下車、タクシーで五分。

文禄二年（一五九三）六月、加藤清正《きよまさ》らの軍勢は朝鮮慶尚道の晋州城を攻め落とした。日本側からみると攻城戦にあたるこの戦いが晋州の戦いであり、その舞台となった晋州城跡には現在国立晋州博物館が建っている。この博物館は、晋州の戦いはいうまでもなく、朝鮮出兵に関する展示が充実しており、多くの見学者が訪れる。そのため、日本で簡単に入手できる通常のガイドブック類にも晋州市へのアクセス方法は説明されている。この晋州市の市外バスターミナルで泗川ゆきのバスに乗ることができる。

泗川倭城跡（天守台）

泗川市外バスターミナルから泗《サ》川《チョン》倭《わ》城《じょう》跡にタクシーでゆく場合には、「泗川倭城跡まで」よりも「船《ソン》津《ジン》公《コン》園《ウォン》まで」と頼むのが運転手にはわかりやすい（なお、帰りのために待ち時間や料金について運転手と交渉しておくのがよい）。地元では船津公園は桜の名所としては知られているが、かつて泗川倭城の主郭部などが築かれていた場所であることは案外知られていないようである。前述のように、元親は慶長二年（一五九七）十月より泗川倭城の普請に携わっていた。現在、天守台などが復元されているが（図版参照）、当時の石垣普請とは異なる技術による復元作業である点は問題視されている（拙著『長宗我部氏の研究』）。

泗川倭城跡（泗川湾に面する港）

　ここで倭城について説明しておこう（以下、笠谷和比古・黒田慶一『秀吉の野望と誤算』、太田秀春『朝鮮の役と日朝城郭史の研究』参照）。朝鮮出兵の際に日本側が朝鮮半島で築いた城は倭城と呼ばれている。上陸地の釜山《プサン》―首都漢城《ハンソン》―平壌《ピョンヤン》間などの補給路確保のために築かれた「伝いの城」、また秀吉の渡海に備えて築かれた御座所、これらも含めてとにかく日本側が築城に関与した城郭が「広義の倭城《わじょう》」である。対して、日本側が文禄二年四月の漢城撤退後に朝鮮半島の南岸部に築城したのが「狭義の倭城」であり、通常は倭城といえば、こちらを指すことが多い。「狭義の倭城」は文禄の役では一九城、慶長の役では八城が築かれ、築城時期が不明の二城を加えると、計約三〇城になる。その一つが泗川倭城である。

　泗川倭城といえば、まず想起されるのは泗川の戦いであろう。慶長三年（一五九八）八月十八日の秀吉死去から一月半後、明・朝鮮の連合軍は泗川倭城を攻撃したものの、大敗してしまう。同城に立て籠もった島津勢が約三万もの首級をあげて、連合軍を撃退したのである（村井章介『世界史のなかの戦国日本』）。泗川倭城は、こうした島津勢の勇猛ぶりで知られる泗川の戦いの舞台となった。

さて、元親と泗川倭城との関係でよく知られているのは、元親が軍目付垣見《かきみ》一直《かずなお》と口論したエピソードであろう。しかし、前述のように、口論は虚構と考えるべきである。ただし、泗川倭城は元親ゆかりの地として重視すべきではないかといえば、そうではない。泗川倭城は泗川湾の沿岸に築城されており、その立地は倭城としては典型である。現在も泗川倭城跡の足下には泗川湾に面する港があり（図版参照）、当時は船による他の倭城との往来が可能であった。

慶長二年末、蔚山《ウルサン》の戦いの急報に接した元親はともに普請にあたっていた毛利吉政《よしまさ》・池田秀雄《ひでお》・中川秀成《ひでなり》らの諸将と蔚山倭城の救援のために西生浦《ソセンポ》に向った。そこで決定された蔚山救援の部隊編成では、長宗我部勢一六〇〇人は池田勢とともに「船手」に編成されている。よって、元親率いる長宗我部勢は泗川倭城から船で出撃していったことがわかる。元親は長宗我部水軍を率いて、この泗川倭城から最後の戦いへ向けて出陣していったのである。さらに、視野を広げるならば、その水軍の多くは遠く土佐の浦戸から出陣してきたはずである。

蔚山救援つまり蔚山の戦いが元親にとって最後の戦いであったのだから、泗川倭城は元親にとって最後の出撃地だったことになる。元親ゆかりの地が朝鮮半島に存在する事実は、元親が生きた時代が朝鮮出兵も惹起した東アジア世界の激動期だったことを象徴していよう（拙稿「朝鮮出兵と長宗我部氏の海洋政策の一断面」）。韓国の泗川や蔚山・西生浦などの倭城跡に対する興味もわいてきたという読者がいれば、それは番外編としての面目躍如である。

コラム

「チョウソカベ」―元親とノーベル文学賞作家

大江健三郎氏の『万延元年のフットボール』には「チョウソカベ」が登場する。作品の語り手である根所蜜三郎《ねどころみつさぶろう》は、故郷の「谷間」に向かうバスで次のような回想をしている。

（前略）谷間に戻ってゆくたびに、胸苦しいその感覚から自由であることができない。窒息する感覚の中軸に、死滅した先祖たちの感情の髄がつまっている。かれらは強大なチョウソカベに永く追いたてられつづけて、森の深みへ、深みへと入りこんでゆき、わずかに森の侵蝕力に抵抗している紡錘形の窪地を発見して、定住した。（中略）チョウソカベはあらゆる時間と空間に遍在している、恐しく巨大な他者だ。僕が反抗すると、祖母はチョウソカベが森からやってくる！　と威嚇したが、その声の響きは、幼児の僕のみならず八十歳の祖母自身にも、われわれと同時代に生きている恐しく巨大なチョウソカベの気配を実感させた……

祖母の威嚇からは〝むくりこくり〟が思い浮かんだ。しかし、この発想は文学研究の立場からすると単純すぎるようである（以下、大隅満・鈴木健司編『大江健三郎研究』参照）。

大江氏の故郷は愛媛県喜多郡大瀬《おおせ》村成留屋《なるや》地区（現内子町）であり、同県南東部の「谷間」と共通点が多々みられる。よって、大江氏が右のような「チョウソカベ」伝承を実際に祖母から聞いた可能性は否定できないが、おそらくは大江氏が創作した伝承と考えられている。ただし、この伝承と元親とが無関係というわけではなさそうである。内子町の諸伝承からすると、成留屋地区だけが長宗我部勢の侵攻をまぬがれたことになるという。こうした認識が大江氏をして、反権力の象徴としての「谷間」とともに「チョウソカベ」伝承を創作させたのではないかと考えられている。いずれにせよ、ノーベル文学賞作家の作品によって、元親の名字は「チョウソカベ」さらに「Chosokabe」として、世界中に知られるようになったのである。

あとがき

「意外だな」と驚き、「本当に？」と疑い、そして、「そうだったのか」と納得した。このような読後感があれば、はじめて一般読者向けの本を書いた者としては本望である。手前味噌になってしまうが、本書を読んで長宗我部元親に対する好学心がわいたという読者には、拙著『長宗我部氏の研究』（吉川弘文館、二〇一二年）をおすすめしたい。やや取っ付きにくい〝かため〟の専門書ではあるが、本書の母体にあたるからである。

ここで、プロローグで紹介しながらも、その後は取り上げてこなかった従来の元親像の一つに言及しておきたい。

司馬遼太郎氏の『夏草の賦《ふ》』は次のように結ばれている。

元親は慶長四年五月十九日、六十一歳で死んだ。翌年関ヶ原ノ役がおこり、盛親は様子もわからぬまま成りゆきに身をまかせて石田三成につき、敗亡し、土佐をとりあげられてしまっている。元親が、世に対してすべての情熱をうしなった結果がその死後に出たのであろう。

さらに大坂夏ノ陣の結果、長曽我部家はあとかたもなくなり、歴史から消えた。

司馬氏は、元親が「情熱をうしなった」契機として、天正十三年に「四国制覇が秀吉の進出によってむなしくやぶれたこと」、翌年の戸次川の戦いにおける信親の死、そして同年の菜々（元親妻、人名は架空）の死、これらをあげている。司馬氏がとくに重視したのは信親の死のようである。

本書でも述べたように、信親の死が盛親そして長宗我部氏の最期を運命づけたのはたしかである。しかし、戦国大名から豊臣大名へと変貌を遂げていった時期の元親が「すべての情熱をうしなった」とは思われない。領国全体を対象とする検地の実施、『長宗我部氏掟書』の制定、浦戸への拠点移動、これらの諸政策によって長宗我部氏の土佐支配は充実していったのであり、その遂行をなす統治者には相当な「情熱」が必要だったはずである。

もし、長宗我部氏滅亡の責任を元親に求めるとするならば、それは盛親を継嗣としてしまったことであろう。その一因は、まちがいなく信親の死である。こうした因果関係をふまえて、はじめて、信親の死は長宗我部氏滅亡の原因であるといえるのではなかろうか。

二〇一三年八月　故郷が「暑さ日本一」になった夏に

【参考文献】（文中に挙げたものを中心に）（敬称略）

著作・論文

相田二郎『戦国大名の印章』（名著出版、一九七六年）
秋澤繁書評「高知県史古代・中世篇」（『海南史学』第一〇号、一九七三年）
秋澤繁編『戦国大名論集15長宗我部氏の研究』（吉川弘文館、一九八六年）
秋澤繁「太閤検地」（『岩波講座日本通史第11巻』岩波書店、一九九三年）
秋澤繁「織豊期長宗我部氏の一側面」（『土佐史談』第二一五号、二〇〇〇年）
秋澤繁「『日本一鑑』からみた南海路」（『長宗我部元親・盛親の栄光と挫折』高知県立歴史民俗資料館、二〇〇一年）
秋澤繁・荻慎一郎編『土佐と南海道』（吉川弘文館、二〇〇六年）
朝倉慶景「土佐一条氏の動向」（山本大編『長宗我部元親』新人物往来社、二〇一〇年）
石尾和仁「長宗我部元親による阿波国侵攻の「記録」と「記憶」」（『四国中世史研究』第一一号、二〇一一年）
市村高男「永禄末期における長宗我部氏の権力構造」（『海南史学』第三六号、一九九八年）
市村高男「戦国の群雄と土佐国」（荻慎一郎・森公章・市村高男・下村公彦・田村安興『高知県の歴史』山川出版社、二〇〇一年）
上野智子「鞆浦とその周辺の海岸部地名」（阿波学会編『総合学術調査報告海部町郷土研究発表会紀要第三三号』徳島県立図書館、一九八七年）
大江健三郎『大江健三郎小説3『万延元年のフットボール』『われらの狂気を生き延びる道を教えよ』』（新潮社、一九九六年）
大隅満・鈴木健司編『大江健三郎研究』（リーブル出版、二〇〇四年）
太田秀春『朝鮮の役と日朝城郭史の研究』（清文堂、二〇〇六年）
尾下成敏「羽柴秀吉勢の淡路・阿波出兵」（『ヒストリア』第二一四号、二〇〇九年）
笠谷和比古・黒田慶一『秀吉の野望と誤算』（文英堂、二〇〇〇年）
加藤一寧「如意珠日について」（『花園大学国際禅学研究所論叢』第一号、二〇〇六年）
加藤理文『織豊権力と城郭』（高志書院、二〇一二年）
唐木裕志・橋詰茂『中世の讃岐』（美巧社、二〇〇五年）
川島佳弘「小牧・長久手の合戦と伊予の争乱」（『織豊期研究』第九号、二〇〇七年）

北島万次『朝鮮日々記・高麗日記』（そしえて、一九八二年）
北島万次『豊臣政権の対外認識と朝鮮侵略』（校倉書房、一九九〇年）
桑名洋一「長宗我部氏の讃岐進攻戦に関する一考察」（『四国中世史研究』第九号、二〇〇七年）
桑名洋一「「長宗我部氏の四国統一」についての一考察」（『伊予史談』第三五〇号、二〇〇八年）
桑名洋一「天正期伊予国喜多郡における戦乱について」（『伊予史談』第三五五号、二〇〇九年）
高知県教育委員会編『岡豊城跡―第1～5次発掘調査報告書―』（高知県教育委員会、一九九〇年）
高知県立歴史民俗資料館『四国の戦国群像』（高知県立歴史民俗資料館、一九九四年）
高知県立歴史民俗資料館『長宗我部元親・盛親の栄光と挫折』（高知県立歴史民俗資料館、二〇〇一年）
高知県立歴史民俗資料館『長宗我部盛親』（高知県立歴史民俗資料館、二〇〇六年）
高知市観光振興課「長宗我部元親」（二〇一一年）
高知市教育委員会『朝倉』（高知市教育委員会、一九九〇年）
高知市史編さん委員会絵図地図部会編『描かれた高知市』（高知市、二〇一二年）
小林清治『秀吉権力の形成』（東京大学出版会、一九九四年）
司馬遼太郎『夏草の賦（上）』（文春文庫、二〇〇五年）、『夏草の賦（下）』（同）
下村效『戦国・織豊期の社会と文化』（吉川弘文館、一九八二年）
下村效『日本中世の法と経済』（続群書類従完成会、一九九八年）
白石友治『金子備後守元宅』（帝国教育学会、一九三四年）
関田駒吉『関田駒吉歴史論文集下』（高知市民図書館、一九八一年）
高木昭作『日本近世国家史の研究』（岩波書店、一九九〇年）
津野倫明「文禄・慶長の役における毛利吉成の動向」（高知大学人文学部人間文化学科『人文科学研究』第九号、二〇〇二年）
津野倫明「長宗我部元親の合戦　研究最前線」（『歴史読本』第五二巻九号、二〇〇七年）
津野倫明「土佐（高知）的史書及自治体史之編纂」（国史館台湾文献館編輯組編『方志学理論与戦後方志纂修実務国際学術研討会論文集』二〇〇八年）
津野倫明「慶長の役における「四国衆」」（地方史研究協議会編『歴史に見る四国』雄山閣、二〇〇八年）
津野倫明「朝鮮出兵と長宗我部氏の海洋政策の一断面」（高知大学人文学部「臨海地域における戦争と海洋政策の比較研究」研究班編『臨

海地域における戦争・交流・海洋政策』リーブル出版、二〇一一年）
津野倫明『長宗我部氏の研究』（吉川弘文館、二〇一二年）
土居喜一郎「長宗我部氏の「新留守居制」と久武親直」（『海南史学』第四八号、二〇一〇年）
中井均「織豊系城郭の地域的伝播と近世城郭の成立」（村田修三編『新視点中世城郭研究論集』新人物往来社、二〇〇二年）
中野良一「湯築城跡出土の瓦について」（『湯築城跡第四分冊』愛媛県埋蔵文化財調査センター、二〇〇〇年）
中野良一『湯築城跡』（同成社、二〇〇九年）
南国市教育委員会『史跡岡豊城跡保存管理計画書』（南国市教育委員会、二〇一二年）
南国市教育委員会「平成24年度岡豊城跡伝家老屋敷曲輪第3次調査現地説明会資料」（南国市教育委員会、二〇一三年）
野本亮「試論　長宗我部元親発給文書に関する若干の考察」（『高知県立歴史民俗資料館研究紀要』第一一号、二〇〇一年）
野本亮「長宗我部元親の右筆とその周辺」（『高知県立歴史民俗資料館研究紀要』第一三号、二〇〇三年）
橋詰茂『瀬戸内海地域社会と織田権力』（思文閣出版、二〇〇七年）
橋詰茂「長宗我部元親新出文書について」（『香川県立文書館紀要』第一一号、二〇〇七年）
蜂矢真郷「和名類聚抄地名の「部」」（国語文字史研究会編『国語文字史の研究十一』和泉書院、二〇〇九年）
蜂矢真郷「地名の二字化」（『地名探究』第一〇号、二〇一二年）
平井上総「関ヶ原合戦と土佐長宗我部氏の改易」（『日本歴史』第七一八号、二〇〇八年）
平井上総『長宗我部氏の検地と権力構造』（校倉書房、二〇〇八年）
平井上総「「長宗我部元親式目」考」（『史学雑誌』第一一八編第四号、二〇〇九年）
平井上総「津田信張の岸和田入城と織田・長宗我部関係」（『戦国史研究』第五九号、二〇一〇年）
平井上総「香宗我部親泰と長宗我部元親」（『歴史読本』第五六巻一二号、二〇一一年）
平井上総「浪人長宗我部盛親と旧臣」（天野忠幸・片山正彦・古野貢・渡邊大門編『戦国・織豊期の西国社会』日本史史料研究会、二〇一二年）
福島金治「戦国島津氏琉球渡海印判状と船頭・廻船衆」（有光友学編『戦国期印章・印判状の研究』岩田書院、二〇〇六年）
藤木久志『戦国大名の権力構造』（吉川弘文館、一九八七年）
藤田達生『本能寺の変の群像』（雄山閣、二〇〇一年）
藤田達生『日本近世国家成立史の研究』（校倉書房、二〇〇一年）

藤田達生『謎とき本能寺の変』（講談社、二〇〇三年）
藤田達生「伊予八藩成立以前の領主と城郭」（『よど』第七号、二〇〇六年）
藤田達生『証言本能寺の変』（八木書店、二〇一〇年）
藤田達生『信長革命「安土幕府」の衝撃』（角川学芸出版、二〇一〇年）
藤田達生「湯築廃城期考」（『伊予史談』第三五八号、二〇一〇年）
村井章介『世界史のなかの戦国日本』（筑摩書房、二〇一二年）
村田修三『図説中世城郭事典第三巻』（新人物往来社、一九八七年）
山口啓二『幕藩制成立史の研究』（校倉書房、一九七四年）
山室恭子『中世のなかに生まれた近世』（吉川弘文館、一九九一年）
山本大「「長宗我部」苗字考」（『土佐史談』通巻九〇号、一九五七年）
山本大『長宗我部元親』（吉川弘文館、一九六〇年）
山本大『土佐長宗我部氏』（新人物往来社、一九七四年）
山本浩樹「放火・稲薙・麦薙と戦国社会」（『日本歴史』第五二一号、一九九一年）
山本浩樹「戦国大名領国「境目」地域における合戦と民衆」（『年報中世史研究』第一九号、一九九四年）
山本浩樹『戦争の日本史12西国の戦国合戦』（吉川弘文館、二〇〇七年）
吉村佐織「豊臣期土佐における女性の知行」（『海南史学』第四一号、二〇〇三年）
若山浩章「海に生きる」（安藤保・大賀郁夫編『高千穂と日向街道』吉川弘文館、二〇〇一年）
吉成承三・筒井三菜編『史跡高知城跡　三ノ丸石垣整備事業に伴う発掘調査報告書』（高知県文化財団埋蔵文化財センター、二〇一〇年）
渡辺武監修『秀吉と桃山文化』（毎日新聞大阪本社文化事業部、一九九六年）

長宗我部元親略年表

年号表記	西暦	年齢	事項
天文 八	一五三九	一	土佐国長岡郡岡豊城にて誕生。父長宗我部国親。
永禄 三	一五六〇	二二	五月長浜戸の本の戦いで初陣。父国親病死。
一一	一五六八	三〇	本山氏を降服させ、土佐中央部を勢力圏とする。
一二	一五六九	三一	七月安芸氏をいわゆる「矢流崩」で破り、滅亡に追い込む。
天正 二	一五七四	三六	公家大名一条兼定を追放。
三	一五七五	三七	渡川の戦いで一条兼定を撃退。七月土佐東端の野根氏を降し、土佐統一。一〇月明智光秀の仲介によって長男信親、織田信長から一字「信」を拝領。四男盛親誕生。
四	一五七六	三八	島津氏との交流開始。
六	一五七八	四〇	九月阿波日和佐氏との同盟関係を固める。
七	一五七九	四一	次男親和を讃岐香川信景の娘婿とする。有力家臣久武親信、伊予宇和郡で戦死。
九	一五八一	四三	七月伊予金子氏と同盟。
一〇	一五八二	四四	五月織田信長、三男信孝を指揮官とする長宗我部攻撃を計画。六月本能寺の変で信長死去。八月阿波中富川の戦いで十河勢を破る。九月阿波勝瑞城の十河勢を讃岐に退去させる。
一一	一五八三	四五	賤ヶ岳の戦いに際して織田信孝・柴田勝家と連携。六月讃岐十河城を攻略。この頃、岡豊から大高坂への本拠地移転を開始。
一二	一五八四	四六	小牧・長久手の戦いに際して織田信雄・徳川家康と同盟。九月伊予深田城を攻略し、稲薙も敢行。

	一三	一五八五	四七	六月羽柴（豊臣）秀吉が本格的長宗我部攻撃を開始、阿波に羽柴秀長・羽柴秀次ら、讃岐に宇喜多秀家・蜂須賀正勝・黒田孝高ら、伊予に小早川隆景・吉川元長ら上陸。四国を制覇していたが（阿波土佐泊城・讃岐虎丸城・伊予湯築城は攻略できず）、八月秀吉に降伏。伊予など他国の盟友や一族を土佐に保護。
	一四	一五八六	四八	八月島津氏に大船を進上。一二月豊後戸次川の戦いで長男信親戦死。
	一五	一五八七	四九	惣国検地を開始（この検地をもとに『長宗我部地検帳』作成）。
	一六	一五八八	五〇	正月従五位下に任じられる。四月侍従に任じられる。四月後陽成天皇の聚楽第行幸に供奉。
	一八	一五九〇	五二	小田原攻めに参加。
	一九	一五九一	五三	この頃、大高坂から浦戸への本拠地移転を開始。
文禄	元	一五九二	五四	文禄の役で朝鮮に渡海。
	三	一五九四	五六	知行宛行権を四男盛親に移譲。
慶長	元	一五九六	五八	サン＝フェリペ号、浦戸へ漂着。
	二	一五九七	五九	三月『長宗我部氏掟書』完成。慶長の役で朝鮮に渡海。一〇月泗川倭城の普請にあたる。
	三	一五九八	六〇	一月蔚山の戦いに参加。五月頃帰国。
	四	一五九九	六一	五月伏見邸にて病死。正五位を追贈される。
	五	一六〇〇		九月盛親、関ヶ原合戦に西軍として参加し、敗走。一二月頃浦戸一揆発生により、長宗我部氏改易。
元和	元	一六一五		五月盛親、大坂夏の陣に豊臣方として参加し、敗走。五月盛親、京都六条河原で斬首。長宗我部氏滅亡。

著者略歴
一九六八年　高知県に生まれる
一九九一年　北海道大学文学部史学科卒業
一九九八年　北海道大学大学院文学研究科博士後期課程修了
現在　高知大学教育研究部人文社会科学系教授

〔主要著書〕
『長宗我部氏の研究』(吉川弘文館、二〇一二年)

ひと人をあるく

人をあるく
長宗我部元親と四国

二〇一四年(平成二十六)六月一日　第一刷発行

著　者　津《つ》野《の》倫《とも》明《あき》
発行者　吉川道郎
発行所　株式会社 吉川弘文館
郵便番号一一三—〇〇三三
東京都文京区本郷七丁目二番八号
電話〇三—三八一三—九一五一〈代表〉
振替口座〇〇一〇〇—五—二四四
組版　有限会社ハッシィ
印刷　藤原印刷株式会社
製本　ナショナル製本協同組合
装幀　有限会社ハッシィ

ISBN978-4-642-06782-9